# 大峯縁起

銭谷武平

東方出版

# 大峯曼荼羅の嶺々を尋ねる――まえがきに代えて

役行者《えんのぎょうじゃ》は、今もなお大峯に生きている。

役行者神変大菩薩《じんべんだいぼさつ》、役小角《えんのおづぬ》は亡くなってからすでに一千三百余年になるけれども、その流れをうけついで、いまもなおきびしい修行をつづけている大峯の山伏たちは、現代における役行者である。

役行者小角は白鳳《はくほう》の昔、吉野から山上ケ岳に登り、険しい大峰山脈を踏み越えて熊野権現《ごんげん》に参詣したと伝えられている。熊野権現に詣る道には、紀州を通る大辺路《おおへち》・中辺路《なかへち》・小辺路《こへち》と、東からの伊勢路にならんで大峯修行の奥駈《おくがけ》道もある。大峰山脈を吉野から南の熊野へ、逆に熊野から北の吉野金峯《きんぷ》へ縦走する「奥駈」は、昔はもっぱら「奥通り《おくどお》」といわれ、修験《しゅげん》山伏のもっともきびしい修行ルートであった。

しかし、いつ頃、誰によって拓《ひら》かれ、通れるようになったのか、ほとんどわからない。古典の中には、平安時代に熊野から大峰山脈を踏み越えて、奇跡的にも金峯にたどりついた二人の沙門《しゃもん》の話もある。しかし、いずれも山中で迷い、不思議に助けられたという話であって、果たして本当に熊野から未開の大峯を超えて、無事に金峯に帰りついたか疑わしい物語である。

奥駈が、いつの頃からはじまったのか。一般的には、行尊《ぎょうそん》や西行《さいぎょう》の事跡をもとに十一世紀頃からとされ、それ以前のことはあまり詳しくふれられていない。奈良時代に、すでに奥駈を通ったという早期通行説があるかと思うと、平安時代初期から、あるいは中期からという説もある。いろいろ資料を読んでいると、同じ行程の登山にしても、当時の地域の世情や山中の状況についての認識には、いちじるしい相違があるように思う。

役行者像（円空作）
（大和郡山市 松尾寺蔵）

かねてから大峯奥駈の夜明け、いつの頃、どのような人たちが、今でも想像し難いような深山に踏み込んでいったのだろうかという思いを抱いていた。何か手がかりがほしいと願っていたときに出合ったのが「大峯縁起」である。「諸山縁起」[1]にふくまれ、それには、俗人には見せてはいけないと書き添えてある。これは、修験道が生まれる頃、きわめて重要視された史料であるとともに、いろいろの形で後の修験道の思想に大きな影響を与えたものとして、また、今後さらに細部にわたって研究がのぞまれている史料[2]といわれている。

特に「大峯縁起」の原本は、第一項「大菩《だいぼ》提山仏生土要《だいさんぶっしょうどかなめ》の事」の部分と想定されていることが重要である。これには、大峯山系を胎蔵界《たいぞうかい》と金剛界《こんごうかい》の曼荼羅《まんだら》とし、それぞれ仏菩薩の名称をつけた百ケ所以上の嶺々があげられ、皇族貴族や修行僧が仏像や御経を寄進したことを記録している。これらの嶺が、現在どのあたりの地点に当たるのか確かめ、それぞれの嶺の位置を地図上に示すことができれば、昔の修行の経路を知るためにも大変参考になると考えられた。

しかしながら、胎蔵界・金剛界の嶺として記録されている諸尊の嶺の大半を現地に比定することは至難であると考えられ、あまり深くは研究されていないようで大変残念に思っている。

この「大峯縁起」には、奥駈という修行路ができたヒントが秘められているように思われ、かねて抱いていた奥駈路が拓けた糸口が見つかると信じ、折にふれて読んできた。いくら読んでも全般を通じて、記してある嶺の位置が、なかなか思うようには解きほぐすことができかねていた。ところが、「厄除《やくよ》け」で有名な大和郡山《こおりやま》の松尾寺《まつおじ》に、「大菩提山等縁起」という古文書が保存されていた。これが、活字化された中に「峯宿之次第」(3)というのがあり、宿所と曼荼羅の嶺の関係が、文中にかなり多く示されていたので、これを判読しつつ嶺の探索をつづけてきた。しかし、完全に解きあかすことはとても無理なこともわかり、なお、不明の部分、不確かな箇所を残しているが、理解した場所などを書き留めてきたので一応これらを整理しておくことにした。

まず、奥駈の曼荼羅の嶺々に踏み入る前に、現状の修行路を知り、昔から今までどのようにかわってきたのか確かめておくべきだと考えて、現行の大峯七十五靡《なびき》と江戸期のそれとの相違を調べた。さらにまた、鎌倉時代の大峯宿所百二十宿との関連性についても追究してみた。

これらの知見をもとにして、当初の目的であった大峯曼荼羅の胎蔵界から金剛界の嶺の位置を探り、奥駈道成立の歴史的な経過をも確かめたいと考え、「峯宿之次第」という史料を手に、デスクの上から古い時代の大峯山中の抖藪《とそう》をつづけてきた。こうして、迷い込んだ道を、大峯の奥駈で山中に迷い込み、奇跡的に助けられた義睿《ぎえい》や長円《ちょうえん》のように、かろうじて金峯吉野へ抜け出ることができたようである。

千年余りの遠い昔の時代、その間には、暴風・大洪水や地震など天変地変による流出や崩壊は避けられず、今になっては災害による変化は確かめようもない。さらに、各時代の変化、争乱や仏教の宗派の争いなどによる奥駈修行の一時的な断絶もあっただろう。先達による口伝も、失われた部分もあっただろう。したがって、確認ができないことが多く、また、資料も全く少ないのが実情である。

奥駈の現地を、熊野から吉野へ完全に踏破したこともない者が、わずかな体験と大峯紀行など活字の資料と地図をたよりに、もっぱら机上からの探索をはじめたのであった。なおまた、仏教学者でも歴史家でもない門外漢で、検討する方法にも違いが多くあるかもしれない。

したがって、探り得た結果については、やはり独断と偏見のそしりはまぬがれ得ないところも多いかと思う。専門の方々が、大峯の奥駈に長い体験を持った登山家と協力、深く検討なされて、それぞれの嶺を確認してほしいものである。この奥駈道については、最近、詳細な現地調査が二回に分かれて行われ、その結果も報告されている。(4・5)

現地の状態に通じた案内者であれば、思い浮かぶ地形があるだろう。総合的に考えて、ああ、そこは虚空蔵院の何々菩薩の嶺だろうかと曼荼羅が浮かんでくるかもしれない。そうして、大峯曼荼羅図として画くことができれば、大変有り難いことである。さらに検討をなされて、大峯曼荼羅の菩薩の嶺の位置を、一ケ所でも多く明らかにしたいものである。

大峯奥駈を幾たびとなく踏み越えられた方から、いろいろとご教示をいただき、このささやかな調査資料が、大峯奥駈に関心をもたれる方々に少しでも参考になればと願っている。

註

(1) 「諸山縁起」『寺社縁起』日本思想大系　岩波書店　一九七五年

(2) 宮家準『大峰修験道の研究』三〇九頁　佼成出版社　昭和六十三年

(3) 五来重編「大菩提山等縁起」『修験道史料集』Ⅱ　一二八頁　名著出版　昭和六十年

(4) 奈良県教育委員会編『大峯奥駈道調査報告書』平成十四年

(5) 森下恵介「奥駈道の現地踏破」・菅谷文則「大峰山岳信仰遺跡の特性」奈良山岳遺跡研究会編『奈良山岳信仰遺跡の調査研究』由良大和古代文化研究協会　平成十五年

# もくじ

大峯曼荼羅の嶺々を尋ねる—まえがきに代えて　1

第一章　大峯奥駈七十五靡の今と昔　13
大峯奥駈七十五靡　14
七十五靡の今と昔　16
熊野から深仙まで　17
南奥駈の難所　23
深仙から吉野へ　28
大峯四十二宿について　36

第二章　大峯宿所百二十から七十五靡へ　43
百二十宿の由来　44
大峯百二十宿と七十五靡との比較　48
熊野から玉置山へ　50

篠宿から深仙宿へ　54
釈迦ケ岳から弥山の宿へ　56
弥山から小篠へ　58
山上ケ岳の涌宿(御所)から吉野へ　62

第三章　画のない曼荼羅、大峯胎蔵界の嶺　67
大峯縁起の嶺々の由来　68
画のない曼荼羅、大峯胎蔵界　79
胎蔵界の嶺の史料　84

第四章　大峯胎蔵界の嶺を尋ねて―チャレンジャー南都の僧たち　91
熊野山宿から金剛多輪まで　93
般若宿から水呑宿　101

第五章　中台八葉院の玉置山を越えて仙洞へ　109
水呑宿から玉置山へ、消えた蓮華部院の嶺々　110

中台八葉院の玉置山、阿弥陀如来の嶺へ　114
玉置宿から金剛手院・持明院の嶺へ　117

第六章　**虚空蔵院と金剛手院の嶺々**──仙洞から奥の迷路のような宿所──　125
禅師の修行、七生の行者　126
大峯中興の祖、聖宝の奥駈　130
笠捨山、発意転輪菩薩の嶺の仙洞から篠宿へ　132
三胡宿は今の平地宿か前鬼三重滝か　138

第七章　**中台八葉院の深仙へ**──大峯通過の二人の沙門──　145
第二の中台八葉院、深仙宿　146
大峯を越えた二人の沙門　151

第八章　**釈迦ケ岳を越える聖たち**──両界曼荼羅の境、石崎の峯へ──　161
深仙から釈迦牟尼仏の嶺を越えて籠山修行　162
文殊院の嶺を越えて両界の境へ　166

西行の大峯修行　169
第九章　**胎蔵界から金剛界へ**——金剛界の嶺、涌宿から吉野へ——　**179**
金剛界曼荼羅の嶺　180
金剛界の嶺と百二十宿および七十五靡の対比　186
順峯・逆峯、大峯奥駈を達成した初期の行者たち　191
第十章　**白鳳の禅洞禅師と天平の仁宗聖人**——大峯曼荼羅のゴーストライターは——　**199**
棲山一紀の禅洞禅師　200
仁宗聖人のゴーストライターは誰か　206
大峯曼荼羅図の計画　208
「大菩提山仏生土要の事」に見られる追記　216
あとがき　223

# 第一章　大峯奥駈七十五靡の今と昔

熊野古道には九十九王子の行程があるが、大峯道には七十五靡《なびき》という修行路がある。大峯奥《おく》駈《がけ》というのは、吉野から大峰山脈の尾根を踏み越えて熊野本宮に達する約百七十キロのルートで、この間には靡という手向《たむ》けの場所が七十五ケ所にある。吉野から山上ケ岳・弥山《みせん》・釈迦《しゃか》ケ岳などの峯々の間には、金峯山寺《きんぷ》・大峯山寺や玉置神社、険しい鐘懸《かねかけ》などの岩場の行所や、霊水が湧《わ》き灌頂《かんじょう》の儀式を行う深仙《じんぜん》や小笹《おざさ》の聖地もある。この七十五靡は、江戸時代から現代までどんなに変わってきているのだろう。

平安時代、すでに吉野御岳《みたけもうで》詣と熊野詣《くまのもうで》は、それぞれひろく行われるようになっていた。しかし、熊野から大峰山脈を金峯まで踏み越え、修行路が拓《ひら》かれたのは、いつ頃からか確かなことはわからない。花山《かざん》法皇が寛和二年（九八六）、翌永延元年（九八七）にも熊野に御幸《ごこう》を行い、また藤原道長が寛弘四年（一〇〇七）に山上ケ岳の蔵王堂に参詣した当時は、ようやく熊野・吉野の通行、熊野権現から吉野金峯へ修行が一部の人たちによって試みられ、次第に山伏の修行の動きがはじまろうとしていた。

熊野から出発する巡礼は、花山法皇によってはじめられた西国観音三十三ケ所巡礼で、第一番として那智山青巌渡寺《せいがんとじ》から次々に畿内の観音霊場に詣る。大峯修行には、熊野本宮証誠殿《しょうじょうでん》を一番として、吉野川の畔の第七十五番「柳の渡し」を終とするきびしい順路があり、この行程を「奥駈七十五靡」と呼んでいる。

いつの頃、誰によってはじめられたのか確かなことはわからない。

## 大峯奥駈七十五靡

山伏たちが険しい山中で修行することを「抖擻《とそう》」いう。

その昔、山伏が山中を抖擻したり、また畿内の浪速や堺の商人や、遠く伯耆《ほうき》（鳥取）や三河（愛知）、四国辺りの農民にいたるまで、講社を組んで金峯山すなわち山上ケ岳に参詣する「山上《さんじょう》詣り」をしていた。豊作祈願・航海安全・商売繁盛を祈る大峯詣りは、大峯山上に登り、表と裏の行場で「行《ぎょう》」をして、山頂の山上蔵王堂に詣り、小篠宿に泊まるのが普通の行程であったようである。

他方には、山伏が呪力を高めようと験《げん》を競い、吉野から熊野への約百七十キロにもおよぶ奥駈のきびしい修行が行われていた。険しい山道を歩き、多くの日数を要するルートは、七十五靡という長く苦しい行程であった。今も大峯修行の山伏や登山者が、山中の場所を示すために、もっともよく用いるのは「七十五靡」の地点である。

この「靡」という用語は、本来「なびく」「かたむく」「したがう」というように順応して順番を追うことで、「靡、順也」（『大漢和辞典』）とあり、七十五靡のかわりに七十五番としてもよい意味である。しかし、「靡」にはいろいろに宗教的な意味付けを行って、「手向《たむ》けして無事を祈る霊地(1)」、あるいはまた、「縄《なわ》引く」一縄期(2)は約一里であって、金峯と熊野の間は七十五靡で七十五里あるという修験の山伏特有の解釈もされている。山伏の一里というのは二十五町あるいは十八町ほどで、普通は三十六町をいう。あるいは、風に草木が靡くように、大峯の法力、嶺峯に鎮座する仏の威徳に靡く場所とも説明されているなど、いろいろと解釈がなされている。

七十五靡には、次のように山頂、宿、寺社、岩窟や滝、森などがある（現在の靡）。

一、山頂……南から北へ、大黒天岳（五七九メートル）・五大尊岳（八二五）・如意宝珠岳（七三六）・香精山（一、一二二）・笠捨山（一、一五七）・行仙岳（一、二二七）・涅《ね》槃《はん》岳（一、三七六）・般若《はんにゃ》岳・子守岳（一、四六四）・奥守岳・千草岳・蘇莫《そばくさ》岳・千手岳・大日岳・釈迦ケ岳（一、七〇〇）・空鉢《くうはち》岳・孔雀《くじゃく》岳（一、七七九）・仏生岳（一、八〇五）・七面山・明星ケ岳・八経ケ岳（一、九一五）・頂仙ケ岳（一、七一八）・弥山《みせん》（一、八九五）・行者還岳（一、五四七）・七曜岳（一、五八四）・弥勒《みろく》岳・大普賢岳（一、七七九）・山上ケ岳（一、七二〇）・丈六山。

二、宿所……吹越宿・岸の宿・水呑宿・古屋宿・四阿《あずまや》宿・槍ケ宿・怒田《ぬだ》宿・平地《へいじ》宿・持経宿・前鬼宿・小池宿・深仙宿・楊子宿・古今宿・講婆世《こうばせ》宿・石休宿・稚児《ちご》泊宿・脇の宿・小篠宿・二蔵宿・安禅宿・柳の宿。

三、寺院・神社……熊野本宮・新宮新誠殿・玉置神社・金峰神社・水分神社・吉野蔵王堂。

四、門………乾光《けんこう》門・都津門・浄心門。他に靡ではないが、峯中には、発心門・等覚門がある。

五、岩屋・滝・多輪……那智滝・前鬼（三重滝《みかさね》）・菊の窟・笙の窟・菊ケ池・二つ石・五角仙・五鈷峯・金剛多輪・船の多輪・一の多輪。

六、その他、霊所……拝み返し・聖天の森・禅師の森・阿弥陀の森。

なお、これら靡についての由来や状態、体験談などの詳細は、多くの他の適当な書物にゆずることにする（註の次にあげる）。

## 七十五靡の今と昔

七十五靡のもっとも古い記録は、『大峯細見記《さいけんき》』享和三年(1)（一八〇三）であるが、七十五靡は、すでに十五世紀後半の『修験指南鈔《しなんしょう》』にも出ているという。おそらく、「靡」の地点は、かなり古く、すでに西行（一一一八〜一一九〇）が修行した頃から設けられていた行所もあるが（一四五

郵便はがき

恐れ入りますが
郵便切手を
お貼りください

5430062

（受取人）
大阪市天王寺区逢阪二の三の二

東方出版 愛読者係 行

〒

●ご住所

TEL

●ご氏名《ふりがな》

FAX

●購入申込書（小社へ直接ご注文の場合は送料が必要です）

| | | |
|---|---|---|
| 書名 | 本体価格 | 部数 |
| 書名 | 本体価格 | 部数 |

| | | |
|---|---|---|
| ご指定書店名 | 取次 | |
| 住所 | | |

# 愛読者カード

ご購読ありがとうございます。このハガキにご記入いただきました個人情報は、ご愛読者名簿として長く保存し、またご注文品の配送、確認のための連絡、小社の出版案内のために使用し、他の目的のための利用はいたしません。

●お買上いただいた書籍名

●お買上書店名

県　　郡・市　　書店

●お買い求めの動機（○をおつけください）

1. 新聞・雑誌広告（　　　）　2. 新聞・雑誌記事（　　　）
3. 内容見本を見て　4. 書店で見て
5. ネットで見て（　　　）　6. 人にすすめられて
7. 執筆者に関心があるから　8. タイトルに関心があるから
9. その他（　　　）

●ご自身のことを少し教えてください

●ご職業　　年齢　　歳　　男・女

●ご購読の新聞・雑誌名

●メールアドレス（Eメールによる新刊案内をご希望の方はご記入ください）

●図書目録をご希望の場合は送付させていただきます

●希望する□　●希望しない□

●通信欄（本書に関するご意見、ご感想、今後出版してほしいテーマ、著者名など）

頁参照）、いつ頃、奥駈ルートとして番づけされたのであろう。

『大峯細見記』にある江戸時代の靡が、その後、廃止したり新たに設けられたり、あるいは位置の変更など、どのように変化しているのか調べた。

今も大峯山寺の戸が開き、夏になると、それぞれ天台・真言系の寺院や大峯山寺の護持院などが主催して、奥駈修行が行われている。しかし、その靡の場所は、奥駈を主催する寺院や団体によって、多少違いもある。これらについては、慶応義塾大学名誉教授で日本山岳修験学会前会長の宮家準氏が詳しく比較表示している。[1] ここでは、現在の「靡」として、聖護院などの入峯の行程[3]にしたがうことにする。

### 熊野から深仙まで

まず、一「熊野本宮」にある証誠殿から出発するが、現在地は、明治二十二年（一八八九）の大洪水によって「大斉原《おおゆのはら》」から移設された場所である。これから一三「香精山《こうじょう》」までは、江戸期と変化はないようである。表（二〇・二一頁）の上部に枠のあるのは今とは相違する靡である。

昔は、涅槃《ねはん》岳に登る前に、はるかに南に向かって拝み返した。本来、熊野から順峯をたどってきて、涅槃岳に登る前に越えてきた熊野の山々を拝み返したのであった。現在は一四「拝み返し」となっている。

薗池《おんち》は菊ケ池となっている。脇宿の東の谷に、菊花の白房の大きいのが重なって生えていたそ

| | 江戸時代の靡 | 現在の靡 |
|---|---|---|
| 一 | 証誠殿 | 熊野本宮 |
| 二 | 那智山千手滝 | 那智山 |
| 三 | 新宮新誠殿 | 新宮 |
| 四 | 吹越山 | 吹越宿 |
| 五 | 大黒ケ岳 | 大黒天岳 |
| 六 | 金剛多輪 | 金剛多輪 |
| 七 | 五大尊岳 | 五大尊岳 |
| 八 | 岸宿 | 岸の宿 |
| 九 | 水呑宿 | 水呑宿 |
| 一〇 | 玉置山 | 玉置神社 |
| 一一 | 如意宝珠ケ岳 | 如意宝珠ケ岳 |
| 一二 | 古屋宿 | 古屋宿 |
| 一三 | 香精山 | 香精山 |

うで、これを逆逆峯の時に採って仏様に供えようと、『大峯秘所記』(4)に書いてある。

今の一七「槍《やり》ケ宿」というのは不思議に思われ、桧《ひのき》ノ宿ではないかと思う。それは、大峯四二宿の三四「桧の宿」について、「宿地は葛川村の西南の方の山に当たる。葛川村の長《おさ》に尋ねて聞くと、今も唐金の徳利が一つ、五抱え余りの桧の根元にあるとの事である。其の徳利には梵《ぼん》字が数多ある由、葛川村の山賎《やまかつ》や木こりがこれに触れると忽《たちま》ちたたりがあると言い伝えられ、今はその辺りへ行く人もない」というとある。(5)桧の大木があったから「桧の宿」と名付けたので、やはり「桧の宿」が正しいのだろう。

しかし、今では「槍ケ宿」というのが定着している。

「大峯細見記」当山奥通之事によると、一八「仙ケ岳」の笠捨童子から貝吹に下り、峯中を離れ

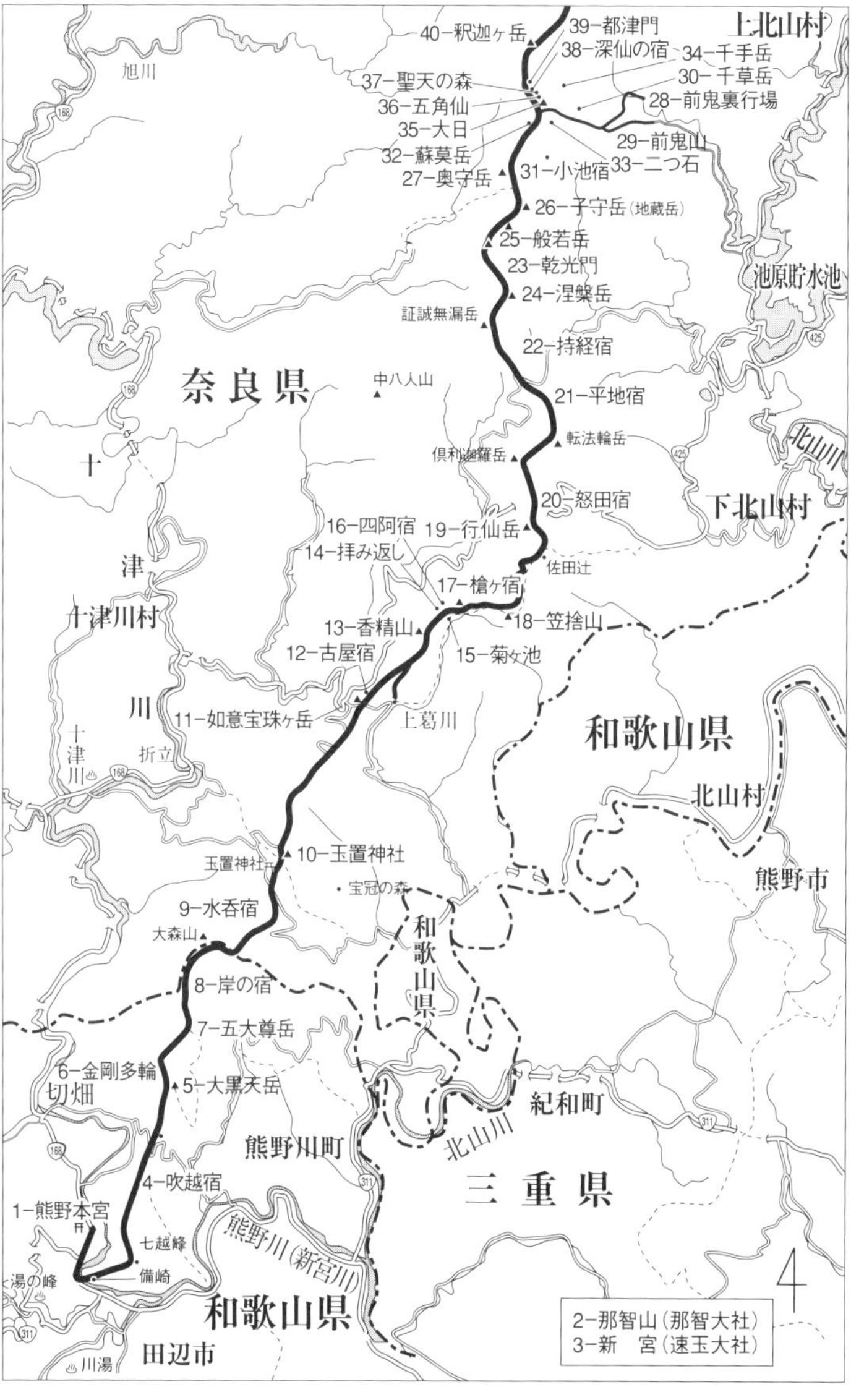


熊野本宮から深仙まで（靡 1 〜39）

| 江戸時代の靡 | 現在の靡 |
| --- | --- |
| 一四　蘭池 | 一四　拝み返し |
| 一五　東巌窟 | 一五　菊ケ池 |
| 一六　桧ケ宿 | 一六　四阿宿 |
| 一七　四阿宿 | 一七　槍ケ宿 |
| 一八　仙ケ岳 | 一八　笠捨山 |
| 一九　行仙岳 | 一九　行仙岳 |
| 二〇　怒田宿 | 二〇　怒田宿 |
| 二一　平地宿 | 二一　平地宿 |
| 二二　持経宿 | 二二　持経宿 |
| 二三　篠宿 | 二三　乾光門 |
| 二四　拝返 | 二四　涅槃岳 |
| 二五　涅槃ケ岳 | 二五　般若岳 |
| 二六　神仙岳 | 二六　子守岳 |
| 二七　石ノ門 | 二七　奥守岳 |
| 二八　三重滝 | 二八　前鬼裏行場 |

て野山になり、葛川に出る。それから玉置山に登っている。これは中興《ちゅうこう》のことで、聖宝（八三二～九〇九）は大峯中興の祖とされている。それより昔は仙ケ岳、すなわち笠捨から玉置山へ、次のようにたどっている。

「其昔ハ笠捨ノ金剛童子ヨリ右ニ付テ行。是レ四阿ヶ宿。夫ヨリ桧ヶ宿。夫ヨリ東巌窟、遥拝所也。御池《オンチ》、或ハ蘭池トモ云。香精山、香精水アリ。古屋宿。如意珠ケ岳、険阻ニシテ登ルコト不能。夫ヨリ玉木山ト行ヒシナリ。今絶ヘテ行モノナシ」

江戸期の四阿《あずまや》宿については、笠捨《かさすて》の金剛童子からおよそ二十丁程であるが、道も絶え行く人もなくなっていたと書いてある。

| | |
|---|---|
| 二九　前鬼無染窟 | 二九　前鬼 |
| 三〇　千草ケ嶺 | 三〇　千草岳 |
| 三一　小池宿 | 三一　小池宿 |
| 三二　蘇莫者ケ岳 | 三二　蘇莫岳 |
| | 三三　二つ石 |
| 三四　千手岳 | 三四　千手岳 |
| 三五　大日 | 三五　大日 |
| | 三六　五角仙 |
| （三三　聖天森） | 三七　聖天の森 |
| 三六　深山 | 三八　深仙の宿 |
| 三七　都津門 | 三九　都津門 |
| 三八　磊山 | |
| 三九　三ツ蓋ケ岳 | |

最近は、四阿《シア》宿とも呼ばれているようである。フリガナがないと、いずれもアズマヤであるから、四阿と東屋岳と区別がつきにくい。

今は、「篠《ささ》宿」はふくまれていないが、これについても峯中道筋から二里ばかりも離れた花瀬の近くに「篠の滝」の名所もあったが、当時すでに宿は断絶して行く人もいないとある。

七十五靡の行程には、発心門・等覚門・妙覚門・乾光門の四門がある。乾光門（剣光門）の位置は、昔の場所から変わっているようである。昔は、乾光門は持経宿と涅槃岳の中間にあった。しかし、近年の地図や案内書では、乾光門は涅槃岳と般若岳の中間にある「笹の宿跡」としてある。また、逆峯の際にも、「大峯四十二宿」には、「拝み返しの宿、是れ乾光のことなり、此所に金剛童子在す。発心門、等覚門、妙覚門、乾光門の四門を越えて、権現（山上）、弁天（弥山）、釈迦、大日、其外大峯満山の護法善神を此所より拝み返す義なり」とある。

「拝み返し」は、一連の難行程を終えてきて、越してきた峯々に向かって拝んだようである。涅槃岳を過ぎると、江戸時代には、二六「神仙岳」、二七「石ノ門」をへて、二八「三重滝」となっている。しかし、二六・二七の位置も不明で、「大峯細見記」にも、単に段々行くとしているに過ぎない。(6) 神山岳は、千手岳の北とあるが（「大峯縁起」上、二九頁参照）、深山（深仙）とは、明らかにちがう。今は、子守岳（地蔵岳）、奥守岳となっている。

おそらく当時は、奥守岳から子守岳にかけての山域は、篠が生い茂るなど、とうてい通行が不可能であって、この険しい領域を避けて三重の滝に向かったと考えられる。ここは、魔界のような謎の地帯である。おそらく、涅槃岳から子守岳・奥守岳には登らずに前鬼宿に向かったのであろう。

江戸時代の小池宿について、畔田翠山《くろだすいざん》(7)は、「小池宿は、昔は宿あり。今は絶えたり。千種岳の南に並びたる小山なり。その南、滝川辻なり」（『釈迦岳之記』）として、その絵図では、小池宿として山の頂上を示し、千種岳と並んでいるように高位置にある。

また、「大峯細見記」当山奥通之事には、「蘇莫者ケ岳、仙人舞台アリ。碁盤石モ歴然タリ。夫ヨリ行テ小池。夫ヨリ千草ケ嶺、是横道ナリ」。これから前鬼山へ下りている。あるいは、また、二十五宿（四十二宿）には、「前鬼ヨリ田井古辻へ登リ、峯中道筋へ出タル所ヨリ小池宿ノ金剛童子ハ八、九町計《ばかり》神山ノ方ニ是アリ」とある。前鬼山、千草岳、小池宿、蘇莫岳とある順路は理解できる。現在、地図上の三一「小池宿跡」の地点は、これらの記載とは位置が全く違っている（五四頁）。

南奥駈の難所

南奥駈の険しい状況を伝える大正・昭和初期の登山紀行を紹介しておきたい。

昭和になって登山ブームがはじまりかけた頃、出版された登山記録(7)に、次のように書いてある。少し長いが引用する。洞川電気索道が営業の年とあるから大正四年である。

前鬼以南の奥駈道は、峰続きの尾根を伝わなくなって、……池原、笠捨峠を越え、十津川上葛川に出るのが順路であった、嫁越から、篠《すず》竹の中に分け入って、三十幾年全く閉塞された山梁《さんりょう》を、どこまでも伝って行こうという物好きが、今日何処にいるであろう。

このように書き出している。

これより（嫁越峠）入らんとする南方地蔵岳（子守岳）の辺り、丈余の篠竹はしゅくしゅくとして行手を塞《ふさ》いでいる。午後零時一〇分、嫁越峠から道をさらに南にとって進むこと約一〇分、たちまちにして繁茂せる篠の林中に突入し、やがて森林帯中のやや緩慢な坂路を辿ることと半時間、零時五〇分不意に森林中の平坦地に出て、そこに崩れかかった一宇の小祠を見る。地蔵岳の頂上である。

この時気圧計は四九二五尺（一四九二メートル）を指していたが、この辺全く森林帯の廣《こう》濶《かつ》な平をなして気宇にわかに大、釈迦、大日辺りのとっこつたる山容は全く失われ、風雨に朽ちて横たわった倒木は縦横に算を乱し、雨と露に曝された樹身は、海綿の如く腐り尽くしている。頂上に出てからは幸いにして篠掻《か》き分けの難行は免れえたけれど、全山一帯二、三尺も積もった朽葉に覆い尽くされているので、踏みしめる足場は極めて悪い。

一行は道路のないため、後続部隊の方向を失せんことに、非常な苦慮を費さねばならなかった。しかし地蔵岳の頂上附近は、方向さへ誤らなかったならば、傾斜緩漫で、しかも深い木の下闇を通るので、左までの困難を感じなかった。地蔵岳の小祠より約十五分間にして、始めて展望開潤なる一高地に出づ。南方玉置山まで延々なお幾十里、さても夥しい篠かな、西の方花瀬の谷を隔てて手を引き合った石仏山、中八人山の怪偉な山骨は、意地悪く玉置山の優姿をさえぎり、晴れ切った午後の日ざしは、遠近の山谷に夏霞をこめて、烈日は背に焼《やき》鏝《ごて》を当てつるの思いあらしめる。脚下の谷一面に生い茂った篠は、ほとんど足を踏み入るるの余地もなく、わづかに前方に兀立《こつりつ》した標高一二八一メートルの無名のピークを目標として、地図と磁石とを便りに無二無三篠の密林中に突進した。

篠はこの辺の山の名物である。熊笹などと違つて、高きものは頭上なお二、三尺を越え、一行の姿は全くその中に没して終う、はらえば跳ね返り、薙《な》ぎ倒せば、猛然と起って、ぶっつかる。目、耳、鼻の区別なく襲いかかって、危険云うばかりなく、加うるに梯子《はしご》の如き急坂を辿るので、前後して一行の転落すること幾度なるかを知らず、互に呼び交わしつつ両手を便りとして夢中に滑り、繋りのため全く行手を塞がれた処は、身を沈めつ、海老《えび》の如くなって根元を掻き分つ、進んだ。この難行が約二丁も続くと、二時四〇分不意に花瀬に通づる一道の小径に会うて、一行はわずかにホット一息した。

この探検行があってから昭和になって（昭和五年か）[8]、ふたたび同コースに挑戦した登山家の一隊があった。次のように難儀した様子を書いてある。長いが引用する。

> （大日岳）を下ると、すぐ前鬼へ行く道と分かれる。道は割合平らであるが、鬱蒼《うっそう》たる原始林の朽葉の上を歩いて進む。十一時嫁越峠着。
>
> 今後、前鬼から嫁越へ出ようとする人は、余程困難を感ずる事を覚悟せねばならぬ。嫁越峠など名ばかりで、人の脊を越す篠の密林で掩《おお》われて、道など全くないと云っていい。その時、持って行ったのは改版前の地図だが、新版には道がけづられてゐるのは当然だと思った。峠をすぎると道はほとんどなく、苔に包まれた無数の大木の立枯が何となく物凄い上に、二抱えも三抱えもある大木が遠慮なく行手を遮《さえぎ》って進行に困難を極める。
>
> 朽ちはて、横たわっている木の下を通るには袋が邪魔になるし、飛付いて越さうとすれば、ぼろぼろと崩れて取付くことができぬ。一々遠廻りをしていたのでは将《らち》があかぬ。この障害物にはほとほと困ってしまった。地蔵岳をすぎる頃から道は、ますます悪い。花瀬に分れる道の所で昼食。水は依然としてない。道らしいものではなく、枯木と朽葉と丈余の篠で、ともすれば道を失いそうだ。数年前、この道を切開いたそうだが、その後手入れもなく人通も殆んどないので、先先、そのあとかたもないといってよい。山を歩く者を樂しませる眺望は

全然なく、尾根筋を歩いているという感じは全くない。丈余の生茂った平坦な広野の中をさまようのと少しも変わらぬ。この一滴の水もなく、人一人見ず、この困難をはげます前途の光明は、ただ佐田の辻に出て連路を通過する事だけで、篠の藪をくぐり、大木の障害による無数の傷と極度の疲労の他には、何にもないのだ。こんな割に合わぬ、不愉快な登高路はあまり澤山あるまいと思う。

一番番閉口したのは何といっても篠だった。身長より数尺も高い篠の密林ときては全く苦痛そのものだ。交錯して密生してゐるから、手でかき分けては、全然下の部分がもつれ合って一歩も進めない。根元からさばいて左右に分けるか、逼《は》うより仕方がない。ひどい所だと一丁行くのに四、五十分もかかる。そして、その上この篠には、ダニのやつがいていつの間にか体に取付く、無上に蒸暑くて然も水はないときている。

四時二十分、持経宿着。この下二丁位の所に、数年前草刈の人夫の建てた小屋があると聞いていたので、道なき急坂を下りた。然しあてにした小屋は、冬の雪のためか、すつかり屋根が落ちて何とも仕方ない。急坂を少しく平にした、辛うじて小テントを張りうるに過ぎない所だ。ただ豊富な水があるのが嬉しい。然も、心を落ちつけて見ると、遙かに谷の水音が聞える、地図に水線が入れてある谷だらう。始めて聞くなつかしい水の音だ。五時にならぬのに、もう夕やみの立こめる密林の中で、ともすれば滑りさうになる急斜面に、火をたきながら黙々とテントを張り、炊事をしてゐると、つくづく遠い所へ來たように思った。なる程地圖を見て見ると、吉野群山中で、これ程人里離れた地点は少い。

江戸期の様子は、畔田翠山も『釈迦岳之記』に、釈迦への難行や、仏法僧の寂しい鳴き声を聞いたと書きとめているが、この辺りの篠竹の中に迷い込んでは暗闇の中のように方向を見失ってしまうだろう。このように、この辺りの抖藪は不可能に近かったのであろう。

これらの篠生い茂る険しい状態は、おそらく太古からつづいてきたのであって、大峯奥駈について修行路を考える場合は、これらの事実を直視しなければいけないだろう。

しかしながら現在は、奉仕活動によって篠も刈り拓かれて、長い奥駈のうちでも非常に快適なルートに変わっているそうである。

ところで、本居宣長（一七三〇～一八〇一）は、三六「深仙宿」すなわち大峯の神仙に関して、次のように書いている（『玉勝間』）。

> 金葉集、千載集などの詞書に大峯の神仙というところ見えたり。金峯山の南に在りて深禅とも深山とも書くなり。今は神仙と書きて、じんぜという。里人のいえるは、金峯山より釈迦岳まで十三里、釈迦岳より神仙まで六里半ありとなり。峯中の詞に、一里を一となびきといいて大峯の峯中をすべて七十五靡といえり。さて、俗には金峯山を大峯と心得たれど、そは誤りなり。金峯山は御たけにて、大峯というはかの神仙のあたりなり。千載集の詞書にも、みたけより大峯にまかりいりて、神仙というところにてとあり、と同じ書にしるせり。

宣長は、十三歳の時に大峯山上に登っている。宣長の父、定利は子供がないのを嘆いて、吉野

二つ石（両童子石）（靡33）

の子守明神に祈り、もし子供が生まれ十三歳になったならば一緒に参詣する、と誓ったそうである。しかし、父が亡くなり、亡父の宿誓にしたがって参詣したと日記に書いてある(9)。

寛保二年（一七四二）、吉野、大峰山上、高野、長谷寺参詣。

宣長は、やはり若い頃から大峯には深い関心を抱いていたようである。

三三「二つ石」は、江戸期の靡には含まれてはいない。金迦羅《こんがら》・制多《せいた》迦《か》の「両童子岩」である。都津門と釈迦岳との間には、昔は三八「磊《らい》山、浄土の如し」、三九「三蓋ケ岳」という靡がある。「大峯縁起」には、大日岳の東、千手岳の南に磊《いしたたみ》山あり、刀剣の如しとあるが、これにあたるのだろうか。三蓋岳として「神像、仏経を納むるところ、但し蓋あり」（『旧跡記』）とある。

古くは、釈迦ケ岳は大峯とされていた。『日本輿地《よち》通志』〈享保二十一年（一七三六）〉には、「釈迦岳は、御山《みせん》の南五里ばかりのところにあり、一名大峯という。郡内の諸山のうち、ただ此の山は最も雄峻で秀れている。遠くを眺めると、多くの山が碁石を布いたようで、数えると百にも及ぶ。日本でも、是のようなのは極めてまれである」（原漢文）とある。

釈迦ケ岳と孔雀ケ岳との間には、今「両部分け」と呼ばれる岩壁の裂け目がある。そこから北は大峯曼荼羅の金剛界、南は胎蔵界に分けられている。

四二「羅漢岳」から四四「書写水」は、今の七十五靡にはないが、修行者がこの水で墨をすり、般若の岩屋に籠もって写経をしたのであろう。今、この間には「孔雀の隠し水」がある。

四八「鸚鵡《おうむ》ケ岳」の名は、今はないが、「千手岳の北に神山岳にあたる一山あり、その上に又大盤石あり、其の上に二つの石有り。その形鵬鵡の歩行の形ゆえに鵬鵡岳と号す」（「大峯縁記」上）[10]とある。位置的には不合理で、鸚鵡《おうむ》返し反響を意味する七面山の名称だろうか。

次に、四六「船の多和」が設けられているが、四九「菊の窟」については、確実な場所が不明であるために探索がなされているようである。謎の多い岩窟である。

江戸期の『大峯細見記』の七十五靡には含まれてはいない。しかし、奥駈行所とされ、「禅師平ト云処ニアリ。此処ヨリ左方へ登レハ菊ノ岩屋ト云処有。絶壁ニ石室アリ。難登」と記録されている。

また、天保十年（一八三九）の聖護院雄仁法親王の入峯の際の随伴記[11]には、「七月二十三日、弥

釈迦ヶ岳から吉野（靡40〜75）

山ヨリ深山迄八里、至而難所、……是迄二里、石休場、菊岩屋、右（古）源山、禅師、船雨形、巳刻楊枝ト云処ニテ御行アリ」としてある。また、『和州吉野郡群山記』（一八四七）には、「菊の窟、道より八丁の上りなり」とある。

| 江戸時代の靡 | 現在の靡 |
|---|---|
| 四〇　釈迦ケ岳 | 四〇　釈迦ケ岳 |
| （四五　空鉢嶺） | 四一　空鉢岳 |
| 四一　孔雀ケ岳 | 四二　孔雀岳 |
| 四二　羅漢岳 | |
| 四三　般若窟 | |
| 四四　書写水 | |
| 四六　仏生岳 | 四三　仏生ケ岳 |
| 四七　楊枝宿 | 四四　楊子の宿 |
| 四八　鸚鵡ケ岳 | 四五　七面山 |
| | 四六　船の多和 |
| 四九　五古嶺 | 四七　五鈷峰 |
| 五〇　宝塔岳 | |
| 五一　禅師宿 | 四八　禅師の森 |
| | 四九　菊の窟 |

最も古いのは、役行者《えんのぎょうじゃ》の五大弟子の一人、義元が木皮に炭で書きとめたという『行者本記』の原本が、この岩屋に隠されていたという記録であろうが、これは説話のようなものである。

近年の大峯登山の紀行文のうちから、菊の岩屋についての三つの記録をあげてみよう。

一、笹原の人は鬼の口と云うらしい。舟の川地獄谷と日裏山谷の間の大きな尾根を西へ奥駈け道から五六町下ったところにある。岩場になっていて角がついているように見える。その岩壁の南側に菊の花

| 江戸時代の靡 | 現在の靡 |
|---|---|
| 五二　明星嶺 | 五〇　明星ケ岳 |
| | 五一　八経ケ岳 |
| | 五二　古今宿 |
| | 五三　頂仙ケ岳 |
| 五三　弥山 | 五四　弥山 |
| 五四　講婆世 | 五五　講婆世宿 |
| | 五六　石休場 |
| 五五　一ノ多和 | 五七　一の多和 |
| 五六　行者還 | 五八　行者還り |
| （五八　七曜ケ岳） | 五九　七曜 |
| 五七　児泊 | 六〇　稚児泊 |
| 五九　倶利伽羅岳 | 六一　弥勒岳 |
| （六一　笙ノ窟） | 六二　笙の窟 |
| 六〇　普賢岳 | 六三　普賢岳 |
| 六二　天龍山 | |
| 六四　脇宿 | 六四　脇の宿 |
| 六四　阿弥陀森 | 六五　阿弥陀ケ森 |

形の紋が鮮やかに見える[12]（『大峰山脈と其渓谷』昭和九年）。

二、禅師の森につく。路傍に出張る大きな巌があり、岩面に禅師の森と字が刻んである。岩の中ほどに検増童子と刻した古い石碑を祀り、その背後が菊の窟と称する小さな洞穴となっている。岩上には古木が生い茂り下は少し平地をなしているので一服によい憩い場である[13]（『近畿の山と谷』昭和十六年）。

三、菊の窟を遥拝する。東方の谷深くにあり、峰中第一の魔所で、入った者は誰一人出てきたことがないと伝えられている。（略）それも迷路のようになって非常に分かり難く辿り着くのがやっとの思い

| | |
|---|---|
| 六五　小篠 | 六六　小笹の宿 |
| 六六　山上本堂 | 六七　山上ケ岳 |
| 六七　浄心門 | 六八　浄心門 |
| 六八　鐘懸 | |
| 六九　薊ケ岳 | 六九　二蔵宿 |
| 七〇　愛染森 | 七〇　安禅の宿 |
| 七一　金精神社 | 七一　金峰神社 |
| 七二　勝手神社 | 七二　水分神社 |
| | 七三　吉野山蔵王堂 |
| 七三　丈六 | 七四　丈六山蔵王堂跡 |
| 七四　峯ノ坊 | |
| 七五　柳ノ宿 | 七五　柳の宿 |

だったという（岡田談）。窟自体は上の方の部分が幾分菊のようになっているが、ずべっと斜めになっているだけで、参籠はおろか経巻や書物を安置できる場所など何処にもないそうである(14)（『近畿霊山と修験道』昭和五十三年）。

一と三は、おそらく同一ケ所であろう。岡田談としているのは、当時の大峯奥駈に詳しいとされていた強力《ごうりき》の岡田雅行氏で、釈迦ケ岳に単独で釈迦像を担ぎ上げた人である。

なお、最近、諸説紛々としている所在不明の「菊の窟《いわや》」(15)を、大峰山脈の舟ノ川支流で探索がなされて、「菊の窟」の可能性の高い窟も報告されている。

しかし、靡の成立の過程から考えると、「菊の窟」は当初、おそらく修行者が現地を踏むことができた地点であったように思われる。大峯奥駈が断絶している間に、これを知る先達も亡くなり、口伝をたよりに、それぞれ現地を踏んだ修行者が書いたのであろうが、近づきがたい岩窟のある魔所として遠くから遙拝するように変わったように思われる。

　次に設けられた最高峰の五一「八経ケ岳」も、五二「古今宿《ふるいま》」、五三「頂仙ケ岳」、五六「石《いし》休宿《やすみば》」も、江戸期には靡に含まれてはいなかった。しかし、今宿という宿地があった。

　ところで、稚児泊の位置が、百二十宿や七十五靡にある記録と現在の地図とは全く一致していない。記録上では、稚児泊の位置は、行者還岳と七曜岳・七池の間にあるが、地図では、ほとんど七曜岳と国見岳あるいは弥勒岳との間になっている。

「金峯山本縁起」では、「五八劔深山《のみやま》宿（行者還岳）、五九屏風宿、児宿、六〇七池宿」、また「諸山縁起」第十七項では、「剣御山の宿。柏児《こうこ》の宿。七池《いけ》の宿」となっている。しかし「諸山縁起」第九項のみは、「剣御山《つるぎみせん》の宿。七池《ななついけ》の宿。児《ちご》の宿」となって逆である。

　これらは、いずれもデスクからの史料の探索である。現地にくわしい登山家によって地図上の位置が決められたのだろうか（五九頁）。

六二「天龍山」は、小普賢と思われる。ここから天龍が昇天されたと伝えられている。

六六「小笹の宿」は、今はもはや江戸期の面影を全く伝えていない。当時、小笹の宿は当山派の基地として重視され、四十余の多くの宿が建ち並んでいた大きな宿であった。水が豊富で、山上詣りの新客たちはみんなここに宿泊した。今は小さなお堂と護摩檀の跡を遺しているが、大峯修験の独自の「修験恵印総漫拏攞」石が置かれている。これは、大日如来を中尊に、金剛界の四仏と胎蔵界の四仏の計九尊をもって金胎不二の中台八葉院を構成している。

大峯最高峯 八経ケ岳

修験恵印総漫拏攞（小笹宿跡）

江戸期には、六八「鐘懸」、七四「峯ノ坊」が靡になっていた。

## 大峯四十二宿について

江戸期の奥駈七十五靡の古い記録である『大峯細見記』には、同時に「大峯四十二宿」も記録されている。今ではほとんど七十五靡の陰になってしまっているが、役行者《えんのぎょうじゃ》一千百年忌の役行者が神変大菩薩の称号を賜った頃に書かれたのである。

この四十二宿は、当山派によるもので七十五摩を整理したものと考えられ、『大峯峯中秘密絵巻』にある宿名も、ほとんど四十二宿に対応しているといわれる。なお、小田匡保氏(16)は、大峰の秘所・四十二宿を霊地伝承史料と呼び一覧表示し、書誌学的な整理を試みている。四十二宿名については、基本的には相違がないという。

四十二が聖数として選ばれた理由は定かではないが、宮家準氏は庶民の山上詣りが盛んになった近世中期に、彼らが四十二の霊地を巡れば「四十二の厄《やく》」も克服しうるとの意味もこめて、四十二を聖数としたと考えるのは、うがちすぎであろうか、と述べている。

四十二宿は、吉野川畔から熊野本宮に向かう逆峰の修行ルートで、吉野から熊野への順に番付されている。第一宿は「柳の宿」、七十五番の靡「柳の渡し」である。第四十二宿「膳是自順の宿」すなわち一番の証誠殿に相当する。四十二宿の大部分が七十五靡と同じ霊所であるので、相違している箇所についてのみ述べることにする。
まず、次に宿の番号と宿名をあげる（＊は七十五靡と相違する宿）。

| | | | | | |
|---|---|---|---|---|---|
| 一 | 柳の宿 | 一一 | 小篠の宿 | 二二 | 釈迦岳の宿 |
| 二 | 丈六の宿 | 一二 | 脇の宿 | 二三 | 神仙の宿 |
| 三 | 峯之坊の宿 | 一三 | 普賢岳の宿 | 二四 | 大日岳の宿 |
| 四 | 鳥居の宿（金精明神） | 一四 | 児泊の宿 | 二五 | 小池の宿 |
| 五 | 青篠の宿 | 一五 | 行者返の宿 | 二六 | 拝返の宿 |
| 六 | 薊の宿 | 一六 | 多輪の宿 | 二七 | 篠の宿 |
| 七＊ | 寺及の宿 | 一七 | 講婆世の宿 | 二八 | 持経の宿 |
| 八＊ | 今及の宿 | 一八 | 弥山鉢経の宿 | 二九 | 平地の宿 |
| 九＊ | 鞍掛の宿 | 一九 | 禅師の宿 | 三〇 | 怒多の宿 |
| 一〇＊ | 化和拝の宿 | 二〇 | 楊枝の宿 | 三一 | 行仙の宿 |
| | | 二一 | 空鉢の宿 | 三二 | 千ケ岳の宿 |

| | |
|---|---|
| 三三 | 四阿の宿 |
| 三四 | 桧の宿 |
| 三五 | 御池の宿 |
| 三六 | 古屋の宿 |
| 三七 | 玉置糧の宿 |
| 三八 | 水飲の宿 |
| 三九 | 岸の宿 |
| 四〇 | 金剛多輪の宿 |
| 四一 | 吹越の宿 |
| 四二 | 膳是自順の宿 |

相違する宿については、次のように説明している。
第七　寺及の宿。御番石《ごばんせき》（五番関）の下に谷渡しがあり、ここに茶屋がある。それから登

ると嶮しい坂の上に寺及の宿地がある。皆は、ここを蛇原坂というけれども、大いに誤りである。蛇原というのは、蛇腹という茶屋の上方の三丁ばかりを蛇腹の坂というのである。
第八　今及の宿。今及の宿を、世間で、俗に今宿というは大いに誤りである。今宿というのは天の川から高瀬（川迫）山を経て弥山に登ると如来の地という行処があって、その辺りに今宿という宿地がある。大峯四二宿の第八は、今及の宿である。高瀬山の今宿と取り違えたものである。
第九　鞍掛の宿。小鞍掛という上に平な処がある。これがすなわち鞍掛の宿地である。
第一〇　化和拝の宿。山上から小篠に下る方に三、四丁程下って、右の方の高い所に金剛童子がある。その下の平な処を化和拝宿という。順・逆両峯の先達が小篠に入峯の節には、ここにおいて大宿一人また末座一人の両人を残して、此処から笈《おい》を負い大松明をもって入峯する。
翌日、大宿座の護摩には、七度半の使を以って大宿に入堂を進める。その外、両宮御入峯の節には、種々の古術がある。今、化和拝の宿は退転している故、小篠の丹生寺の宿において大宿座の儀式をおこなう。
さて、今の七十五靡と約二百年も前の江戸時代の『大峯細見記』の靡とでは、かなりの変化や相違が認められた。約二百年の間には、次のような変更が認められた。

一、新しく靡に加えられたのは、菊ケ池・槍ケ岳・乾光門・子守岳・奥守岳・太古辻・五角仙・船ノ多和・八経ケ岳・古今宿・七面山・頂仙ケ岳・石休場・吉野蔵王堂である。もちろんこの中には、単に名称だけの変更も含まれているだろう。

二、旧七十五靡から除かれているのは、薗地・東遙拝所・桧ノ宿・笹宿・神山岳・石の門・磊山・三蓋ケ岳・羅漢岳・般若窟・書写水・鶏鵄ケ岳・宝塔岳・天龍山・鐘懸・峯ノ坊である。神山岳・石の門が子守岳・奥守岳となっているのは、単に名称が変わっただけではないようで、詳しいことはわからない。

三、「拝み返し」のように、位置の変更もある。また、現実に位置の変わっているのは、例えば乾光門や稚児泊などである。

その他、大峯奥駈には、その道中に靡や宿として名をとどめていないが、多くの由緒ある名称が遺されている。薩摩転《さつまころ》げ・こじり返し・貝摺り・椽《えん》の鼻・蟻《あり》の戸渡りなど奇妙な名称もある。また、吉野からは山上の途中には、足摺《あしずり》・鍋《なべ》被り・鞍懸《くらかけ》・油こぼしなど、草鞋原《わらじわら》の名はすでに消えている。

このように長い年月のうちには、災害による変化の他に、現実に行う修行の行程や靡の危険性なども考慮して変わってきたのだろう。現在、行われている奥駈修行の際にも、七十五靡のうち十数ケ所の場所においては抖擻はなされていない(3)。

近年、山には林道ができ、新たな登山口ができ、道が消えたり付けられたり、年々姿を変えている。植栽林の成長につれて眺望も変わる。道は生き物ともいわれる。山道は、特に手入れを怠ると、すぐに元に戻る。

江戸期の七十五靡より昔、おそらく鎌倉・室町時代へとさかのぼってみると、大峯にはさらに多くの百二十ケ所の宿があったという。これらの宿所がどのように七十五靡に変わったきたのか、次に追究してみたいと思う。

註

（1）宮家準『大峯修験道の研究』三四七頁　佼成出版社　昭和六十年

（2）牛窪弘善『修験道綱要』二三六頁　名著出版　昭和五十五年

（3）宮家準『修験道』講談社文庫　一五一～一五九頁　二〇〇三年

（4）「大峯秘所記並縁記」『修験道史料集』Ⅱ　一三三頁　名著出版　昭和六十年（逆々峯は逆峯を引き返す意か?）

（5）銭谷武平「大峯四十二宿について」『大峯こぼれ話』東方出版　一九九七年

（6）「前鬼山ヲ立出テ里ノ西ノ方、山ヲ少シ登リテ大郷辻（太古の辻）ト云。夫ヨリ段々行テ拝返「即二十四行処」、乾光門トテ霊地也。此ノ処ヨリ二里ノ余十津川ノ方ニ篠宿ト云アリ「即二十三ノ霊地」。去リナガラ今絶テ行モノナシ。其レヨリ行テ持経山「第二十二行処」。前鬼・大郷辻……拝返（乾光門）・篠宿・持経とある。

(7)北尾鐐之助「紀和山脈縦走」『日本山岳巡礼』五五一～五五九頁　創元社　昭和二年
(8)岸田日出男・笹谷良造『吉野群山』六〇・六一頁　郷土研究社　昭和十一年
(9)中根道幸『宣長さん―伊勢人の仕事』一四～一六頁　和泉書院　二〇〇二年
(10)「大峯縁起」国文学研究資料館編『熊野金峯大峯縁起集』九九頁　臨川書店　一九九八年
(11)平山敏治郎「天保十年聖護院宮入峰随伴記」『橿原考古学研究所論集』七　三五八頁　吉川弘文館　昭和五十九年
(12)中川秀次・冨川清太郎『大峰山脈と其渓谷』二七頁　朋文社　昭和九年
(13)住友山岳会代表大島堅造『近畿の山と谷』八八頁　朋文社　昭和十六年
(14)福井良盈「大峯奥駈行場と入峰行」五来重編『近畿霊山と修験道』二一二頁　名著出版　昭和五十三年
(15)和田謙一「失われた聖地を求めて、大峰・菊の窟探索記」『岳人』六三九号　東京新聞出版局　二〇〇〇年
(16)小田匡保「大峰の霊地伝承史料とその系譜―秘所一覧と四十二宿一覧を中心に―」『山岳修験』第四号　八三～九五頁　日本山岳修験学会編　一九八八年

奥駈についての参考文献
前田良一『大峯山秘録―花の果てを縦走する』　大阪書籍　一九八五年
鎌田茂雄「大峯奥駈け修行」『山岳信仰』　集英社　一九八七年
小島誠孝『大峯の山と谷』奥吉野ガイドエッセイ　山と渓谷社　一九九四年
矢野建彦・宮家準・岡倉捷郎『聖地への旅「大峰山」』　佼成出版社　昭和六十二年

宇江敏勝『熊野修験の森―大峰山脈奥駈け記』岩波書店　一九九九年
『大峰・台高・紀伊の山』アルペンガイド23　山と渓谷社　二〇〇一年
山と渓谷社大阪支局編『吉野・大峯の古道を歩く』　山と渓谷社　二〇〇二年
森沢義信『奈良80山』　青山社　二〇〇二年
伊藤松雄『役行者その足跡にせまる』　文芸社　二〇〇三年
小山靖憲『吉野・高野・熊野をゆく』　朝日新聞社　二〇〇四年
「大峰山脈・大台ガ原」別冊『山と渓谷』四三二号　山と渓谷社　二〇〇四年
田中利典『修験道っておもしろい！』　白馬社　二〇〇四年
藤田庄市『熊野修験の道を往く』　淡交社　平成十七年
吉田智彦『熊野古道巡礼』　東方出版　二〇〇四年
森沢義信『大峯奥駈道七十五靡』　ナカニシヤ出版　平成十八年

# 第二章　大峯宿所百二十から七十五靡へ

大峯奥駈《おくがけ》に七十五靡《なびき》という特定の場所が指定される以前には、大峯宿所としておよそ百二十ケ所があったという。西行《さいぎょう》法師（一一一八～一一九〇）が大峯修行のきびしさに涙を流した頃、大峯宿所はすでに設けられていた。これには大峯奥駈ができてきた経過が秘められているが、確実に宿名がわかっているのは、七十～八十ケ所にすぎない。百二十宿所の位置や、七十五靡への変化、また相違点などについて探ることにする。

大峯奥駈の道が、山伏たちによって熊野から大峰山脈を踏み越え、吉野にいたるまで抖藪《とそう》ができるようになったのはいつ頃だろうか。奈良時代からというのは無理なようで、平安時代の中頃かもしれない。早ければ、宇多法皇が熊野に参詣した頃、あるいは遅くとも藤原道長が大峯山上ケ岳の御在所に参詣した頃には、すでに熊野から金峯へと通じていた。

金の御岳は、かなり早い時期から山林修行者によって道ができ、途中には宿が設けられていたが、熊野から大峯に深く駈け入ったのはかなり遅れる。奥深い大峯山系は、容易に踏み越えられる山ではない。おそらく、百二十宿は一時期にできたのではなく、時代とともに修行者が次第に奥へ向かうにしたがって、宿所が設けられてきたに違いない。

山岳信仰が人々の心に焼きついて修験道へと発展するが、聖《ひじり》や山伏たちの抖藪は、おそらくまずは単独行、そして二、三人の同行、さらにグループ化する。やがて案内や食糧の運搬者も加えて、かなり深く奥へと踏み込む。熊野から金峯への山伏道が通して奥駈の修行路となり、この間に必要な宿所として百二十ケ所ができてきたのであろう。

## 百二十宿の由来

吉野から山上ケ岳・小篠《おざさ》への修行路と熊野本宮から玉置山への路、また深仙までの抖藪の山伏道など、そのなりたちの時期が違っている。しかし、それぞれ成立の時期を異にしているが、これらの宿を集めて大峯百二十宿所ができたと考えられる。

百二十宿が、それぞれの時代を経て設けられてきたことは、その宿の名が無言のうちにも物語っている。本来、宿というのは、嶺々の霊所、仏菩薩の住所であり、諸天大仙人の住む宿所である（「諸山縁起」）。

吉野には道教の影響を受けてか、仙人の住む山として金峯とならんで久米の仙人が住むという竜門岳もあり、山中に籠もって修行する仙人たちの洞窟や住居があった。したがって、金峯には熊野よりも早くから、法浄仙宿・当就仙宿・戒経仙宿・法成老宿・王熟仙宿のような仙人の名のつく多くの宿があった。他方、熊野から大峯への途中には、熊野山宿・西方峯宿・粟谷宿というような地名の宿が多い。そして、さらに奥には、教経宿・験法宿・経法宿というような呪力を求めた籠山修行を偲ばせる宿もうまれてくる。

百二十宿について、宮家準氏は、[1]まず一二〇という数字が定められ、古代末の霊地の一部を取り込みながらあらたに峰中の宿を定めていったと考えている。宿の一二〇という数は、仙人の最高の寿命、すなわち仙人の不老長寿にあやかった聖数という。

平安時代から鎌倉時代にかけての頃、宿の名を書いた古文書も遺っているが、百二十宿という多くの宿が確かにあったのか、すべてを完全に書き記したものは見当たらない。調べてみると、意外に数が足りない。次に知ることができた宿の数をあげてみる。

| | （大峯百二十宿所） | （宿　数） | （出　典） | （時　代） |
|---|---|---|---|---|
| 一 | 大峯宿員凡一百二十 | 八一宿 | 「金峯山本縁起」[2] | 長承二年（一一三三） |
| 二 | 峯宿之次第 | 一〇六宿 | 「大菩提山等縁起」[3] | 鎌倉時代 |
| 三 | 大峯宿所一百二十一所 | 八六宿 | 「証菩提山等縁起」[4] | 文亀三年（一五〇三） |

四　大峯宿名百二十所　　七九宿　「諸山縁起」[5] 第九項　　鎌倉時代
五　峯の宿　　七八宿　「　同　」第十七項　　鎌倉時代
六　大峯宿之次第　　七三宿　「大峯縁起」　　明徳元年（一三九〇）
七　峯中宿次第　　七五宿　「寺門伝記補録」[6]　　応永三年（一三九七）

一・二は、古屋・平地・池宿については、それぞれ村尾宿・三胡宿・法詮宿と古名で書かれている。三・四・五は、ほぼ同じ内容で、文亀三年は書き写された年を示している。しかし、三では、数ケ所の宿については、宿の別名を他の宿とみなしているので総数が多くなっている。六はもっとも少ない。二の「峯宿之次第」には、「一〇六宿の外に十一箇所あるべし」とあり、最も多い（六六・八五頁参照）。しかし、よく検討してみると重複も考えられる。また、宿の記載の順も他とかなり違うので、これらについては、後に関係する宿のところで述べることにする。

これらの百二十宿も、実質的には八十前後の宿であって、七十五靡に近い数である。しかし、百二十宿と明記されているところから考えて、おそらく当初は、それだけの宿があったのではないかとも思われ、なぜ三、四十ケ所もの宿が消えているのか不思議である（一九〇頁）。

しかし、百二十宿もの宿が必要でなくなったとも考えられる。これは、すでにその頃の奥駈の修行日数は、七十日（『熊野三所権現金峰山金剛菩薩縁起』）、七十五日、あるいは百日であっても、これには滞在日数も含まれているから実際に泊まる宿は少なくてよいはずである。

「順に百日、このうち吹越二七ケ日。水呑一七ケ日。深山一七ケ日なり。逆は七十五日、このうち、小篠二七ケ日。脇宿一七ケ日。深山一七ケ日。この外に逗留なし」（「青笹秘要録」[7]寛正六年〈一四六五〉）とある。このように、同じ宿に長く滞在することも組み込まれているから、実際は七、八十宿程であったのだろうか。

なお、宿は霊魂の宿る場所、神仏の宿る所としているように、修行中における宿所にも適した場所である。それは、小篠宿・深仙宿や小池宿、また石休宿・稚児泊《ちごどまり》の例でもわかるように、これらの宿を検証しても適地が選ばれている。要するに「宿」の名のように修行者が、一夜の宿とするに足るような場所、今流にいえばテントがはれるような場所である。修行者であるから、礼拝・勤行は、もちろん欠かせなかった。

名称も、人々の口から自然に生まれた桧の宿、平地の宿、水呑宿のような宿もあれば、瑠璃・覚輪宿・教法・禅師宿などもあり、それぞれ名の由来を異にしているようである。

修験道のきびしい「行」が科せられるようになって、「宿」から「靡」に変わると、新たに奇岩や岩窟・滝などの行場が多く組み込まれている。

なお、江戸期の靡の鐘懸《かねかけ》は険しい行場であるが、もともと山上岳への途中の鎰懸《かぎかけ》宿であって、白河院も金峯山参詣の際には一泊なされている。

## 大峯百二十宿と七十五靡との比較

大峯宿所百二十の行程から七十五靡へと変化してきたと考えて、両者の関連性を調べることにした。百二十宿については、もっとも古い「金峯山本縁起」の記録と江戸期の七十五靡と照合して同じ場所と認められる場合には、靡と宿の名は実線で結んで表示した。

百二十宿の番号は仮に付けたもので、これは七十五靡のように定まった番号ではない。

七十五靡と百二十所との関係

| 百二十宿所（金峯山本縁起） | 七十五靡（江戸期） |
|---|---|
| 一　熊野山宿 | 一　証誠殿 |
| 二　西方峯宿 | 二　那智山千手滝 |
| 三　栗谷宿 | 三　新宮新誠殿 |
| 四　八重宿 | |
| 五　備ノ別所宿 | |
| 六　吹越之宿 | 四　吹越山 |
| 七　相西宿 | |
| 八　山西宿 | |
| 九　黒坂宿 | 五　大黒天岳 |

| | |
|---|---|
| 一〇　烏摩馬宿 | |
| 一一　垂子宿 | |
| 一二　金剛多輪宿 | 六　金剛多輪 |
| 一三　般若宿 | 七　五大尊岳 |
| 一四　安日宿 | 八　岸宿 |
| 一五　水飲宿 | 九　水呑宿 |
| 一六　湯甲井宿 | |
| 一七　玉来宿 | 一〇　玉置山 |
| 一八　宇河宿 | |
| 一九　道気宿 | 一一　如意珠岳 |
| 二〇　村尾宿（＊古屋宿） | 一二　古屋 |
| 二一　恩智宿 | 一三　香精山 |
| 二二　林宿 | 一四　蘭池 |
| 二三　星宿 | 一五　東巌窟 |
| 二四　霧宿（8） | 一六　桧ケ宿 |
| 二五　高座宿 | |
| 二六　行道宿（＊東屋宿） | 一七　四阿宿 |
| 二七　八重宿 | |

（＊）は「諸山縁起」第九項による

| 百二十宿所（金峯山本縁起） | 七十五靡（江戸期） |
|---|---|
| 二八　苔匐輪宿（今蛇宿、仙洞） | 一八　仙ケ岳 |
| 二九　雨来宿 | |
| 三〇　瑠璃宿 | |
| 三一　覚輪宿 | |
| 三二　寄日宿（＊奇宿） | |
| 三三　五胡宿 | |
| 三四　塔印宿 | 一九　行仙岳 |
| 三五　知恵宿（怒多宿） | 二〇　怒田宿 |
| 三六　池峯宿 | |
| 三七　三胡宿（平地） | 二一　平地宿 |
| 三八　多宝宿（今持経宿） | 二二　持経宿 |

（＊）は「諸山縁起」第九項による

熊野山宿から順を追って登ることにする。

## 熊野から玉置山へ

熊野から入峯する順峯のルートでは、百二十宿は熊野本宮からの出発である。熊野山宿あるいは熊野宿となっている。七越《ななこし》の峯の手前に備《そなえ》宿があったので、今も備崎という地名がある。備宿には、別に「備ノ別所宿」もある。

百二十宿では、熊野から西方峯へと向かい吹越宿に泊まる。金剛多輪までに十二の宿があり、それから先も水呑宿までは変わりはない。おそらく、奥深くまでの山林修行は行われていなかったように思う。

水飲宿と玉来宿の間には、湯甲井《ゆかい》宿がある。これは、陽甲井あるいは湯田とするものもあり、おそらく、後に述べる中台八葉院に入る宿であるから玉来宿に近接していたと思う。

玉置神社は、熊野三山の奥の院として参詣者も多く、玉置山の神社の境内には、神仏習合の時代には、七坊十五寺もの神宮寺があった。玉来宿から二六「行道宿」すなわち東屋《あずまや》宿までは、時代によってかなり変化があったようであるが、位置など詳しいことはわからない。恩智宿の恩智は、隠地の替え字であろう。他はみな自然な宿名である。

ここを越えて、仙洞《せんのほら》とよばれる苔匐輪《せんふくりん》宿があり、当時の修行場所であったと想像される。この仙洞の位置は、「東屋岳の頂上から順には、右手に小二里入るなり。下南方を見ると五岳（槍ケ岳・地蔵岳・東屋岳・香精山・貝吹金剛か）あり。極楽浄土の道なり。すなわち其のところが仙洞なり。松の木あり、浦の様なり」（「大峯縁起」(9)上）とある。

なお、「証菩提山等縁起」では、苔匐輪宿・金蛇宿・仙洞宿と三つの宿にしている。

今の七十五靡、一八「仙ケ岳」から知恵宿すなわち二〇「怒田《ぬた》宿」までには、行仙岳の外に靡はない。百二十宿では、雨来《あめき》・瑠璃《るり》・覚輪・寄日《よせひ》宿などの宿所があり、当時は籠山修行の場とし

玉置山から笠捨を越えて平地宿へ（『大和国細見図』）

ての重要な地域であったのかもしれない。しかし、確かな霊所あるいは宿の位置はほとんどわからない。

「大峯縁起」[9]には、「瑠璃の岩屋」のような記録があるけれども、その位置が問題である。「釈迦岳ならびに孔雀岳の東に巌室あり、此の窟は風雨なく、この故に名を隠石室、また曰く隠窟。西にまた並んで石室有り、瑠璃室と号す。その上に窟、船高六尺、廻り七尺南に向かい廉が一つあり、其の東脇に窟あり、高さ一尺五寸」とある。

また、大峯百二十宿の仁和寺所蔵の文書には、四一「小篠宿」、又覚輪としている。おそらくその頃、そこも覚輪とよばれていたかもしれない。なお、池峯宿は、今の吉野郡北山村池峯の地とすると、当時の修行の行程を考える場合には無視することができず、おそらく池峯宿のある方へ峯から降りたのではなかろうか（一二一頁）。

## 篠宿から深仙宿へ

七十五靡の二三「篠宿」を越えた辺りから三六「深仙」にかけての間には、百二十宿では後の小池宿すなわち法詮宿の他に宿は少ない。深仙までは、その頃は、まだ拓けてはいなかったと考えざるをえない。仙洞から深仙までの間に広がる区域は、単独ではもちろん、数人の同行者がいても容易に通行を許さないような地帯であったようである。やはり、すでに述べたように篠などの生い茂る森林地帯で、通行を許さず未踏のままにとどまっていたのだろう。

平地宿と深山との間には、篠宿・証誠無漏岳・小池宿・石楠花ノ岳・蘇莫者岳・大日ノ岳があるが、やはり、奥守・子守岳の区間は避けていると思われる。

「大峯縁起」には、「小池宿の池の涯の石下に如意宝珠あり、今に竜王守護するなり。よって小池は竜地なり」とある。

小池宿の位置については現在も不確かであるが、一つの推察として、今の三一「小池宿跡」とされているのは、百二十宿時代の四二「法詮宿（今池）」の跡ではないかと思われる。当時の順路と考えると不自然ではないように思う（二二頁）。

おそらく、百二十宿時代には、南奥駈は太古の辻と滝川辻の間の尾根は通行を阻まれていたので、涅槃岳あるいは篠宿辺りから峯を迂回して、法詮宿すなわち今の小池宿跡とされている地点を廻ってから前鬼に向かうか、あるいは深仙に登ったと思われる。つまり、今の奥守岳や子守岳の密林地帯は通行できないから避けて、前鬼宿に近い小池宿へと迂回して深仙宿にたどり着いたのであろう。小池から深仙までは笠を被らなかったという。江戸期には、聖護院宮、三宝院門跡が入峯の時は、北山の村々から人夫が出て篠を刈り、切り株を大きな槌で打ち砕いていた。

近年になっても、ほとんどこれらの地域は通行不可能であった。したがって、奥駈道について考える場合に、ここを通過できたか、あるいは迂回したのか、問題が多い篠の茂る謎の密林地帯である。その難行の実態を、すでに紹介した昭和時代における紀行

| 百二十宿所（金峯山本縁起） | 七十五靡（江戸期） |
| --- | --- |

三九　箱宿（今篠）
四〇　朴宿、又如来
四一　小篠宿（又覚輪）
四二　法詮宿（今池）
四三　深田輪宿
四四　仙行寺宿
四五　或清宿（今神仙）

二三　篠宿
二四　拝み返し
二五　涅槃岳
二六　神仙岳
二七　石ノ門
二八　三重滝
二九　前鬼無染窟
三〇　千草嶺
三一　小池宿
三二　蘇莫ケ岳
三三　聖天の森
三四　千手岳
三五　大日
三六　深山
三七　都津門
三八　磊山
三九　三蓋ケ岳

から推察し、さらに奈良時代平安時代の昔を想像してほしい。昭和の時代でも難しいのに、古代の山中は予想を超えていたかもしれない。

「金峯山本縁起」には、知恵宿、今怒多、また、三胡宿、今平地として、怒田宿や平地宿の古名とともに書かれている。しかし、前鬼宿や三重の滝は、百二十宿としてふくまれていないという大きな疑問が出てくる。

「深田輪は深山の名なり」ともあり、仙行寺宿、或清宿の三宿は今の深仙一帯と思われる。深仙については、文書によって、或清・戒清・武清あるいは、仙清と記されているけれども、おそらく字形が似ているので誤写と考えられ、戒行清浄から戒清宿としたとも考えられ、それぞれ別名とは思われない。或清や武清《たけきよ》宿では意味を持たないように思う。

釈迦ケ岳から弥山の宿へ

深五葉宿というのは、おそらく深仙の奥の院のある釈迦ケ岳にあたると思う。本来、中台八葉院のある深仙宿の奥の意味ではないだろうか。

また、七十五靡では、釈迦ケ岳から明星岳にかけては十ケ所の靡があるが、百二十宿の時代には非常に少ない。おそらく、当時はまだ深仙から以北の奥駈は修行者が少なく、深仙における修行が主体であったからだろう。

釈迦ケ岳から弥山までのルートは、おおむね現在と変わらないだろうが、礼拝場所などの地点は、それぞれ時代によって違っているようである。釈迦ケ岳から楊枝宿への長い間には宿はないけれども、これから先には、禅師たちが呪力をつけ験を高めようと修行したのに相応しいような教経宿・中就宿・験法宿・車路宿や教法宿のような宿名の宿が連なっている。後の七十五靡となってから、羅漢・般若窟や書写水の靡が設けられたのである。

百二十宿にある池宿は今吉野熊野宿とあり、現在の弥山に当たるが、七十五靡に変わってようやく弥山となっている。吉野熊野への分かれ道になる。天川の弁財天、吉野熊野宮の奥宮として、今も奥の院ともいう。弥山からは、金峯山、山上ケ岳に向かうが、下流の村、天川に下ることもできる。

| 百二十宿所 | 七十五靡 |
|---|---|
| 四七　深五葉宿（十性仙*十徳仙）――― | 四〇　釈迦ケ岳 |
| | 四一　孔雀ケ岳 |
| | 四二　羅漢岳 |
| | 四三　般若窟 |
| | 四四　書写水 |
| （四六）空鉢宿（今剣岳）――― | 四五　空鉢岳 |
| 四六　仏生岳 | |
| 四八　教経宿（今楊枝宿）――― | 四七　楊枝宿 |
| | 四八　鸚鵡ケ岳 |
| | 四九　五古嶺 |
| | 五〇　宝塔岳 |
| 四九　中就宿（今禅師返）――― | 五一　禅師宿 |
| 五〇　験法宿（今大行者） | 五二　明星嶺 |
| 五一　車路宿 | |
| 五二　教法宿 | |
| 五三　池宿（今吉野熊野宿）――― | 五三　弥山 |

弥山　観音峯より遠望

## 弥山から小篠へ

弥山から皮走《かわはせ》宿を経て小篠に向かう。皮走宿に対しては講婆世《こうばせ》宿を充てた。弥山を経てから行者還《かえり》を越え山上ケ岳との中間には、小池・横尾・屏風・七池・大篠《おささ》・小篠《こしの》というような自然発生的な宿名が多い。先の教経・験法・教法宿などのことから考えて、それぞれの経路の拓かれた時期が異なっていたのだろう。

五七「児泊《ちごとまり》（稚児泊）」の場所であるが、七十五靡と百二十宿のいずれも行者還と七池・七曜ケ岳との中間にある。しかし、現在は全く違う位置に変えられている（三四頁）。

西行は、次のように歌を詠んでいる。

行者がへり、ちごとまりにつづきたる宿なり。春の山伏は、屏風だてと申す所をたひらかに過ぎむことをかたく思ひて、行者ちごのとまりにて思ひ

平地宿から釈迦・弥山を経て小篠へ（『大和国細見図』）

わづらふなるべし。

屏風にや心を立てて思ひけむ　行者はかへりちごはとまりぬ

| 百二十宿所 | 七十五靡 |
| --- | --- |
| 五四　皮走宿 | 五四　講婆世宿 |
| 五五　小池宿 | 五五　一ノ多和 |
| 五六　横尾宿 | 五六　行者還 |
| 五七　知恵宿　今小行者 | 五七　児泊 |
| 五八　剱御山宿 | 五八　七曜ケ岳 |
| 五九　屏風宿、児ノ宿 | 五九　倶利伽羅岳 |
| 六〇　七池宿 | 六〇　普賢岳 |
| 六一　小宿　又脇宿 | 六一　笙ノ窟 |
| 六二　大篠宿 | 六二　天龍山天龍八部 |
| 六三　五大尊宿 | 六三　脇宿 |
| 六四　小篠 | 六四　阿弥陀森 |
| | 六五　小篠 |

「行者かえり」と「ちごとまり」の間には、「びょうぶだて」（屏風岩）があるので、この危険な場所を無事に通過したいと、稚児泊でも、また行者還りの宿でも、通過前には心配しているので、屏風岩は当然これらの中間にある難所のはずである。

これは、また、「大菩提山等縁起」「峯宿之次第」には、行者宿（行者還宿）と三石屋宿（スモン天ニヨ、チコトマリ）との間にある屏風宿である。

西行は、春山伏の際の「屏風立て」の苦労を思い出し詠んだのかも

| | |
|---|---|
| 六五 | 行仙宿 |
| 六六 | 津泳宿　今神福山 |

しれない。これらのことから考えても、現状の位置は、昔とは変わっているように思われる。

なお、この七池宿と脇宿の間には、普賢ケ岳や笙の窟がふくまれていないのは不思議である。笙の岩屋は、道賢が天慶五年（九四二）に籠もって修行したことで知られているように、早くからの行所で、西行も次の歌を詠んでいる。

みたち（け）（御岳）よりさうの岩屋（笙の岩屋）へまいりたりけるに、もらぬ岩屋もとありけむ折、おもひい出でられて

露もらぬ岩屋も袖はぬれけると　聞かずはいかがあやしからまし

をささ（小篠）のとまりと申す所にて、露のしげかりければ

分けきつるをざさの露にそぼちつつ　ほしぞわづらふ墨染の袖

西行は、明らかに、春山伏を行い、笙の岩屋や小篠の宿で歌を詠み、また秋の大峯入峯の様子を詠っているから、二度の修行を行ったことは確かである。

「大峯縁起」によると、「小篠、逆の法螺吹く大石をば五大尊ノ岳と云う」とあるので、六三の五大尊宿から今神福山辺りは、「小篠宿」一帯と考えてもよいのではなかろうか。

| 百二十宿所 | 七十五靡 |
| --- | --- |
| 六七　涌宿（御所） | 六六　山上本堂 |
| 六八　鎰懸宿 | 六七　浄心門 |
| 六九　石林宿（今鞍懸） | 六八　鐘懸 |
| 七〇　智者宿（今寺祇園） | 六九　蔛ケ岳 |
| 七一　老仙宿（今祇園） | 七〇　愛染森 |
| 七二　観音宿（今七高） | 七一　金精神社 |
| 七三　大久（今聖尾） | 七二　勝手神社 |
| 七四　蔛野宿 | 七三　丈六 |
| 七五　龍塾宿（守屋） | 七四　峯ノ坊 |
| 七六　法浄仙宿（今青篠） | 七五　柳の宿 |
| 七七　鈴光三童子 | |
| 七八　当就仙宿（今椿大門） | |
| 七九　戒経仙宿（今祓野） | |
| 八〇　長峯 | |
| 八一　法成老宿（今河西） | |
| 八二　王熟仙宿 | |

### 山上ケ岳の涌宿（御所）から吉野へ

百二十宿のうち、吉野から山上ケ岳への行程はかなり早く、奈良時代には途中に仙人の籠山修行の庵があったと思われる。宇多天皇の頃、すでに古仙草庵あるいは古仙室の跡もあり、道教の影響か、仙人が住むのに相応しいような宿名が多く付けられていた。

しかし、すでに藤原道長の『御堂関白記』には、今祇園や寺祇園宿のように呼ばれ、また、仁和寺文書に見られるように、多数の宿名が「今何々」というようにすでに変わっている。多くの庶民が参詣するようになって、難しいわかりにくい名前から覚えやすい宿名になったのだろう。

当時、今の鐘懸《かねかけ》の名称はなく、鎰懸《かぎかけ》宿

金峯山から吉野へ（『大和国細見図』）

とよばれていた。

最近の地図には、薊岳も記載されているが、薊岳と守屋岳（四寸岩山）の位置は逆ではないだろうかと思う。それは、大峯四十二宿には、「第六薊萃岳は守屋の茶屋から登った絶頂が薊萃の宿地である」とされているからである。また、百二十宿の順も七四「薊野宿《あざみ》」、七五「龍塾宿（守屋）」である。今の薊岳はキャンプ適地とされていて、四寸岩山を薊岳とするのが妥当であると思う。

熊野宿からようやく吉野にたどり着いたが、吉野についてはすでに調査もなされているので他の資料に委《ゆだ》ねたい。


さて、百二十宿の名称からは、その成立の時期や、また修行の性格についてもある程度の推察をすることができる。まず玉置山参詣のルートは、初期の修行路でかなり細かく付けられているが、備・吹越・山西、黒坂・水呑と具体的な宿名である。ところが玉置山から東屋、仙洞には、山林修行の地理や気象などに関する道気・林・星・高座・古屋・四阿宿のような名称がつけられていて、山林彷徨期といえるかもしれない。

やがて、修行が深仙にまで及び、灌頂の儀式が行われるようになった頃には、宿は仏教色が濃くなって、瑠璃・覚輪・五胡・塔印・知恵・多宝・仙行寺のような名前が付けられている。

ところが、釈迦ケ岳から弥山への道は、まだ若い沙門《しゃもん》や聖《ひじり》が修行し、先輩や禅師から教えを受ける行程で、教経・験法・教法のような名称がついている。しかし、弥山からは山上ケ岳へは、通行路としての途中の小池・横尾・屏風岩・大篠・小篠のような名称に変わっている。熊野宿から玉置山への宿所が設けられたのと同じ頃に、この山上ケ岳から弥山へのルートも拓かれたのであろうか。他方、吉野から山上ケ岳の途中には、仙人の名が付く宿の多いのは、すでに奈良時代にかなりの仙庵などがあったからだろう。

その頃、すでに禅洞のような奇特な修行者によって、大峯山系の広い空間に多く仏菩薩が鎮座する曼荼羅の世界が感得され、多くの嶺の名が付けられていたというのである。

註

（1）宮家準『大峰修験道の研究』三四五頁　佼成出版社　昭和六十三年
（2）五来重編「金峯山本縁起」『修験道史料集』Ⅱ　一二〇頁　名著出版　昭和六十年
（3）五来重編「大菩提山等縁起」『修験道史料集』Ⅱ　一二八頁　名著出版　昭和六十年
（4）「証菩提山等縁起」『修験道章疏』三　三七〇頁　名著出版　昭和六十年
（5）『寺社縁起』日本思想大系　二二・二一四頁　岩波書店　一九七五年
（6）「寺門伝記補録」宮家準『修験道思想の研究』一九二頁　春秋社　昭和六十年
（7）「青笹秘要録」『修験道章疏』一　五八五頁　名著出版　昭和六十年

（8）五来重編『修験道史料集』Ⅱ　一一八・七四九頁　名著出版　昭和六十年

「峯宿之次第」にある宿名のみを記す。これには、高座宿と行道宿との間には、二十四宿がある。

熊野宿・西方峯宿・粟谷宿・八重宿・長尾宿・備《そなえ》宿・月見宿・吹越宿・山崎宿・持地菩薩宿・相西宿・黒坂宿・烏摩馬《うまめ》宿・垂子《たるこ》宿・不空羂索菩薩金剛多輪・般若宿・夕暗《ゆうぐれ》宿・年越宿・水飲宿・陽田井《ようたい》宿・玉木宿・宇河《うか》宿・道気《みけ》宿・搵小尾宿・隠地《おんち》宿・林宿・平正地宿・星宿・千地《ちち》宿・山殺《やこ》宿・霞《かすみ》宿・高座宿

次の夜恋宿から高坂宿までは、他の百二十宿よりも多い宿である。

夜恋《やこひ》宿・桔衡《みすよのふるや》宿・夏木宿・野吹宿・法花《のりはな》宿・鳴知《なるち》宿・風越《かぜこし》宿・吹覆《ふおおい》宿・成智宿・雨林《さみだれ》宿・石波《いわなみ》・戸《と》間《あい》・池峯宿・今朴《ほお》宿・野付《やつき》宿・矢闇《やくら》宿・引猪《ひきい》宿・起居谷《たちこだに》宿・若屋宿・林原宿・古星《ふるほし》宿・山穀宿・高坂《こうさか》宿

行道《ゆきち》宿・八里《やさと》宿・苔蔔輪《せむふくりん》宿・若蔔輪《しやふくりん》宿・雨来《あめき》宿・瑠璃宿・覚輪宿・寄日《よせひ》宿・五鈷宿・塔印宿・知恵宿・三胡宿・多宝宿・箱宿・大朴宿・少篠《うすささ》宿・法詮《ほうせむ》宿・深田輪《ふかたわ》宿・仙行寺宿・戒清仙宿・空鉢宿・深五《ふかご》葉宿・教経宿・中熟《すく》宿・鋏法宿・車路・教法宿・池平地《いけひらち》宿・皮走宿・小池平地《こちひらち》宿・横尾宿・知恵宿・劔御山宿・行者宿・屏風宿・三石屋《みいわや》宿・七池《ななついけ》宿・少《こすく》宿・大篠宿・五大尊宿・今小篠・行仙宿・津泳《つえの》宿・涌出嶺・鎰懸《かぎかけ》宿・石林《いわはやし》宿・智者宿・者（老）仙宿・観音宿・七高・薢《け》野《や》宿・犬久宿・龍塾宿・法浄仙宿・戒経仙宿・法成老宿、此外十一箇所

（9）「大峯縁起」『熊野金峯大峯縁起集』　臨川書店　一九九八年

# 第三章　画のない曼荼羅、大峯胎蔵界の嶺

白鳳の昔、大峯山中に長いあいだ籠もっていた禅洞《ぜんどう》という僧がある日、山々が連なる広い空間に輝く光を背にした大日如来をはじめ多くの仏様が並んでいる光景を見た。大峯に仏菩薩が鎮座する曼荼羅の世界の霊感を得たのであった。禅洞は感得した仏の名を、釈迦ケ岳、普賢岳あるいは地蔵ケ岳などのように多くの嶺々につけた。

熊野から吉野までを胎蔵界と金剛界の両部として、高い峯や峠、滝や岩屋もすべてを「嶺」として記録されていた。これらの嶺々は、現在どこにある峯であり、山なのか探ろうと思う。

●

大峰山脈を北から南へ、吉野から熊野本宮にかけて峯々をたどって行くと、不思議なことに気づくだろう。それは、普賢《ふげん》岳・弥勒《みろく》岳・弥山《みせん》・仏生《ぶっしょう》岳・孔雀《くじゃく》岳・釈迦《しゃか》ケ岳・千手《せんじゅ》岳・大日《だいにち》岳・蘇莫《そばく》岳・地蔵岳・般若《はんにゃ》岳あるいは涅槃《ねはん》岳というような仏教に関係があり、仏様の名前がついた多

くの山が並んでいることである。孔雀岳は孔雀明王、千手岳は千手観音、また大日岳は大日如来を意味している。このような嶺の名がいつの時代につけられたのか、抱いていた疑問のはじまりであった。

ところが、紀伊半島の中央にある大峰山系の空間を、仏様の住む世界であるという霊感を得た熊野別当《べっとう》の禅洞が、釈迦をはじめとして、地蔵菩薩の山、大日如来を祀る峯、弁財天や守門天女のいる嶺など、百ケ所以上の嶺に鎮座されているのを感得したという。時代は白鳳（六二九～七〇七）、熊野から吉野にかけて、胎蔵界と金剛界のある曼荼羅の世界と悟ったのである。

このことを、後に仁宗《にんそう》という興福寺の僧が後日のために書き記していた。これには、大峯百二十宿の時代よりさらに昔の天平時代（七二九～七六六）に、多く嶺に仏菩薩の名前がつけられ、おそらく当時は、修行者が詣でる霊地の唯一の秘録であったにちがいない。

しかし、今に当時の名称を確実にその嶺に留めているのは、「釈迦ケ岳」のみであると知ると、移り変わる時代の流転を偲ばざるを得ない。この文書にある多くの嶺が、今どこにある山であり、どの地点にあたるのか、それを確かめたいというのが、これから挑戦しようとする途方もない夢である。

## 大峯縁起の嶺々の由来

まず、大菩提山《だいぼだい》すなわち大峯の由来について、仁宗は次のようにのべている。

そもそも、大菩提山とは大峯、大峯とは印度の仏生山《ぶつしょうせん》の一角が離れて飛んできて日本に落下したところで釈迦ケ岳辺りである。乗ってこられた印度生まれの多くの仏様が、大峯には住んでおられる。

その仏様の住む場所を記録したのが、「諸山縁起」におさめられている「大峯縁起」の「大菩提山仏生土要《だいぼだいさんぶっしょうどかなめ》の事」(1)、すなわち仏様の生まれた土地を示す重要な記録である。

さて、「大峯縁起」には、次のように書かれている。

白鳳《はくほう》の年、禅洞始めて熊野権現の御宝前に参じて、行う事既に畢《おわ》んぬ。大峯に入りて籠もる。十二年の春、胎蔵界の後門を出でて、同十三年の庚寅《かのえとら》の年に、同じく金剛界の初門に入る。諸尊の位則ち金剛薩埵の位、現じ顕《あらわ》れ給う。仏菩薩その数御座《ましま》す。未来の行者のために所々に示し記す。仏菩薩の嶽の住所なり。

このように、大峯の仏菩薩の住所なりと記されている。

明らかに熊野権現に詣でてから大峯胎蔵界に入って籠山修行し、さらに金剛界の山上ケ岳に向かっている。当然、頭に浮かぶのは、「奥通《おくどお》り」とよばれていた「奥駈《おくがけ》」のこと、熊野から吉野までの険しい山路が浮かんでくる。

この秘録には、命名された胎蔵界の多くの仏菩薩の嶺が列記されている。また、それぞれの嶺に奉納安置された仏像や納経と、寄進した皇族貴族や高僧、また使者の僧や聖、一部の年月日なども書き込まれている。これらについては、後に関連のところで述べることにする。

それぞれの嶺については、「峯、平の峯、左あるいは右に、登り下り」など極めて簡単に付記されているにすぎない。これらの嶺を源《もと》にして百二十宿や七十五靡へと変化してきたと考えられるが、嶺の位置を確かめ、道順を知るのに参考になるようなことはほとんどない。

次に、胎蔵界の「嶺」の名と、併記されている簡単な事項のみをあげることにした。

**大峯胎蔵界の嶺**

胎蔵の初門　左の脇、右の脇。

1　左の脇、難波《なんば》天の嶺。初波羅蜜の山という。

2　右の脇は、対面天の嶺

3　難陀の嶺

4　毘楼縛叉《びるばくしゃ》天の嶺

5　水天の嶺　九頭竜王の住む所。

6　不空供養宝《ふくうくようほう》菩薩の嶺

7　共発意転輪《ぐほっちてんりん》菩薩の嶺　定心所。下ると三念所あり。

8　生念処菩薩の嶺　極清浄《しょうじょう》地の始なり。堅固清浄所。

9　孔雀明王母菩薩の嶺　六反地と云々。最勝の地なり。
10　一髪羅刹《いっけらせつ》王菩薩の嶺　降魔所。
11　心忿怒鉤《ふんぬこう》観自在菩薩の嶺（止観念所）
12　婆蘇《ばそ》大仙人所の嶺
13　十一面観自在菩薩の嶺　浄戒土と云う。
14　堅固身菩薩の嶺
15　供養仏の嶺（千手の嶺と同じ）
16　如飛菩薩の嶺（大仙の宿）
17　白処観自在菩薩の嶺
18　持地菩薩の嶺
19　大吉変菩薩の嶺
20　水吉得菩薩の嶺　平の大石あり、入る。
21　不空羂索《けんじゃく》菩薩の嶺
22　地蔵菩薩の嶺
23　普光菩薩の嶺　上峯に入る。
24　宝印手菩薩の嶺　長の尾を下る。
25　普観菩薩の嶺　右下に入る。

26 除一切憂冥《うみょう》菩薩の嶺
27 平等所(2)
28 如来慈護念（菩薩）の嶺　この下に入りの石室あり。二所あり。
29 大随求《ずいぐ》菩薩の嶺　右の上に入るに本尊御す。
30 被葉衣《ひようい》菩薩の嶺　左に入るに十九所あり。
31 白身観世音菩薩の嶺　右下に入る。
32 豊財《ぶざい》菩薩の嶺　峯に御坐す。
33 耶輸《やしゅ》多羅菩薩の嶺　尾崎の下の石屋なり。
34 降仙菩薩の嶺　右に入りて下る。
35 大勢至菩薩、御躰安置（大勢至菩薩の嶺とみなす）
36 毘里倶胝《びりくち》菩薩の嶺　下横尾の下にあり。
37 観自在菩薩の嶺
38 天鼓《てんく》（雷《らい》）音《おん》如来の嶺　転法輪所。
39 多羅菩薩の嶺　平の峯を下る。
40 大白身《だいびゃくしん》菩薩の嶺　右に入る。
41 孔雀明王宿の峯　左に入り、大余の石の上にあり。
42 馬頭観自菩薩の嶺　右に入る。

43 八葉母所云、観世音菩薩の嶺　高く上る。
44 毘盧遮那《びるしゃな》如来の嶺　峯を下り、復谷を上る。
45 阿弥陀如来の嶺　峯を遠く下り、上りて本尊御す。
46 文殊師利菩薩の嶺　峯なり。
47 開敷花王《かいふけおう》如来の嶺　右に下る。
48 持金剛降（鋒《ふ》）菩薩の嶺　右に入る。
49 金剛拳菩薩の嶺
50 念怒月猒《ふんぬがってん》菩薩（忿怒降三世菩薩）の嶺　左に下りて入る。
51 不動尊菩薩の嶺　右に下り、石屋を下る。
52 聖三世菩薩の嶺
53 般若菩薩波羅蜜の嶺　平の峯なり。
54 大威徳明王の嶺　閻曼徳迦菩薩　左なり。
55 降三世金剛菩薩の嶺　右なり。
56 忍波羅蜜菩薩の嶺　右なり。
57 戒波羅蜜菩薩の嶺
58 檀波羅蜜菩薩の嶺　平の峯なり。
59 （共《ぐ》）発意《ほっち》転輪菩薩の嶺

60 無垢遊（逝《ぜい》）菩薩の嶺　峯なり。

61 蘇波胡《そばこ》菩薩の嶺　右に下る。高き峯なり。

62 方便波羅蜜菩薩の嶺　右に登り下りて左なり。

63 願波羅蜜菩薩の嶺　右に入る。

64 力波羅蜜菩薩の嶺　右に入りて遠く下る。

65 智波羅蜜菩薩の嶺　平の峯にあり。

66 一百八臂《いっぴゃくはっぴ》金剛蔵王菩薩の嶺　仏生土石あり、石の上を下る。大滝あり。
御石屋、左右に二つあり。下に一洞あり。

67 住無戯論菩薩の嶺　右に下る。滝ありと云々。洞あり、小なり。

68 持金剛《じこんごう》菩薩の嶺　滝を入るに仏器あり。

69 持妙金剛菩薩の嶺　右に下る。下に滝あり。経筥あり、経を知らず。

70 金剛持菩薩の嶺　入りて下に滝あり。洞二所あり。

71 離戯論《りけろん》菩薩の嶺　仏生土石の大なるあり。石の下を入る。石屋・小池あり、

72 虚空無遍超越《ちょうおつ》菩薩の嶺　滝三重あり。

73 忿怒持金剛菩薩の嶺　峯なり。

74 金剛鉤母《こうも》菩薩の嶺　右に下る。

75 発生金剛部菩薩の嶺　右に入る。

76 大安楽不空三昧耶《まや》菩薩の嶺　峯なり。最上に洞あり。
77 大勇猛菩薩の嶺　右に下る。堀あり。
78 普賢菩薩の嶺　峯なり。
79 宝幢如来の嶺　左の脇なり。
80 弥勒《みろく》菩薩の嶺　輪形の率塔婆あり。
81 仏眼仏母の嶺　別に般若の石室あり。
82 一切如来智印発生菩薩の嶺(3)　別に大日の石屋あり。五天石あり。
83 尺迦牟尼仏《しゃかむにぶつ》の嶺(4)　別に大日山あり。仏生土石あり。五天石上にあり。
釈迦の宿の山辺に衆多の石室所々にあり。
84 虚空蔵菩薩の嶺　石屋二所、洞あり。
85 観自在菩薩の嶺　童子石と云う。右の脇の下を入る。洞内に炎生ずる所なり。
86 大輪仏頂輪嚕菩薩の嶺（大転輪仏頂菩薩の嶺）　大通智勝仏の宿なり。
87 宝冠菩薩の嶺　横の峯に池三つあり。おのおの為《つく》り存す。
88 光網菩薩の嶺　大菩提石あり。同所に滝あり。同じく洞あり。恒に光炎生ずる所なり。
89 対面護門の嶺　左に下る。
90 文殊師利菩薩の嶺　文字の石屋あり。右に下る。
91 観自在菩薩の嶺　仏生土あり。右に下る。

92 普賢菩薩の嶺　左に下る。洞あり。恒の時炎立つ所なり。
93 烏波髪天儞使者（烏波髪設尼）の嶺　躰蔵なき故に、石の洞に石ある所なり。
94 拳放菩薩の嶺　仏生土あり。童子石の洞にあり。
95 文殊師利化使菩薩の嶺　左に入りて下る。
96 無垢光菩薩の嶺　左に入りて遠し。一尺三寸の磐あり。仏生土石あり。
　同じく洞ありて入る。
97 日天后《につてんこう》の嶺　入りて遠し。四寸の尺丈（錫杖）あり。公耶聖人の置く所なり。石屋あり。
98 文殊師利使者菩薩の嶺　左に入る。滝ありて下る。
99 釈処天《しゃくしょてん》の嶺
100 帝尺天《たいしゃくてん》の嶺　この間に六天あり。滝二つ下にあり。
101 守門《しゅもん》天女の嶺　入りて下る。窟六所あり。
102 鈎召《こうちょう》使者菩薩の嶺　内に大なる石屋あり。
103 使者衆の嶺　右に上る。石に阿字を書写せる所あり。
104 大梵天王の嶺　石屋あり。
105 守門天母の嶺　石屋あり。水内にあり。
106 石崎峯　堺なり（両界塔也）。この外七宿あり。おのおの名は別なり。

終わりには、胎蔵界の曼荼羅の仏様について、すべてはまだよくわかっていないので記録してある数は少なく、一尺以上の大きな石は仏座であり、一丈もある大きな木は仏様の御光で、霊感を得る、と次のように書いてある。

胎蔵の諸尊、未だ位を尽さず。左の脇、右の脇の仏菩薩等、その数を記せるは少なし。石の尺に満ちたるは諸仏の座なり、木の丈に及べる者は諸尊の光たり、と思いて、空を歩み歩み地の下を踏むは、皆諸仏の側を歩むなり。昼夜にかくの如き想いを致すべし。尤も信ずる者は、必ず現に菩提の妙果を証ず。努力疑いの心を発すべからず。故に末代の料にこれを記す。[5]

天平十七年（七四五）酉の四月、仁宗これを記し伝う。

誰も知らない菩薩や天人天女が住んでいる大峯の住所録に当たるもので、白鳳時代に熊野別当の禅洞坊が感得して、天平時代に仁宗聖人が記録したというが、確実なことはわからない。

これらの嶺のなかには、地蔵菩薩の嶺・普賢菩薩の嶺、また釈迦牟尼仏の嶺など実在する地蔵岳・普賢岳あるいは釈迦ケ岳と同じ名称の峯があるけれども、果たして同じ峯であるのか、その他の峯についても記録だけでは位置を知ることも不可能に思われる。

これから、これらの嶺について場所などを調べてゆくのであるが、原文のある古文書を資料にあれこれ検討するというようなことはできない。私がもっぱら利用できる主な資料は、これが活字になった文書や地図などである。

さて、まずこの古い大峯曼荼羅の仏の場所は、ほとんどすべて「嶺」である。この嶺を辿ってゆくと、峯とは限られていない。試みに『大漢和辞典』（諸橋轍次著　大修館書店）をひくと、「嶺」は、「一、みね。二、やまみち。三、さか。四、やまなみ」とある。畔田翠山《くろだすいざん》の『吉野郡群山記』を読んでいると、嶺に「トウゲ」とかな付けであったことがあるが、このように見ると、嶺は必ずしも峯とは一致しない。「峯」は、「一、みね。山のいただき。二、山。三、みねの形をしたもの」。

「大峯縁起」にある嶺には、もちろん山をあらわすように高峯と書いてある場合もあれば、平の峯なりとしている場合もある。また、単に祈念所であるとか洞のようなところもある。

したがって、この「大峯縁起」の大菩提山の記録においては、嶺というのは峯とか峠などにこだわらず、ここでは単に菩薩の住所の地点を示している。

嶺から宿、宿から靡へと名称は変わっているけれども、本来仁宗がいうように仏菩薩の大峯に置ける住所である。嶺・宿・靡も元々同じ根源からきているので、これは霊所として一貫しているのであって、その後、それぞれの用語について、いろいろと仏教的な意味づけをされている。

宮家準氏は、[6] 嶺は、霊地あるいは行所を指す語として、古代には「嶺」の字を付して、その字義は明瞭であるという。

## 画のない曼荼羅、大峯胎蔵界

大峯山系の広い空間を胎蔵界と金剛界の曼荼羅にみたてて、それぞれ多くの嶺として記録している。曼荼羅というのは、お寺などによく懸けられている多くの仏様が並んでいる絵図のことで、いろいろな曼荼羅図がある。大峯山系についていては、吉野曼荼羅や熊野曼荼羅などがあり、他の霊山にも山岳曼荼羅がある。しかし、この「大菩提山仏生土要の事」には、全く一枚の絵も画かれていない画のない曼荼羅である。何を頼りに記録したのだろう。

大峯の山々に鎮座する多くの菩薩様を配置するには、この曼荼羅の絵図がないと難しい。やはり、曼荼羅図を手に参考にしていたと考える。

禅洞の頃はもちろん、仁宗の時代にも日本には曼荼羅図はなかった。空海（七七四～八三五）がはじめて唐から曼荼羅図を持ち帰った。また、後に円仁や円珍も持ち帰ってきた。空海の持ち帰った原図は、その後、宇多天皇の皇子真寂法親王（八八六～九二七）が、他の二種の胎蔵界曼荼羅と比較考証していたので、すでにその頃には空海が持ち帰ったのが正系の曼荼羅と目されていたと想像されていた(7)。現在でも両界曼荼羅というのは、この両界曼荼羅を指すほどである。

嶺の名をつけるには、この曼荼羅を知り、また同時に多くの峯が連なる大峯の山並が目に浮かぶほど知らなければ、おそらく満足がゆく曼荼羅は画《えが》き得ないだろう。

胎蔵界の曼荼羅は、まず十二の広い寺院の境内のように区画されている。

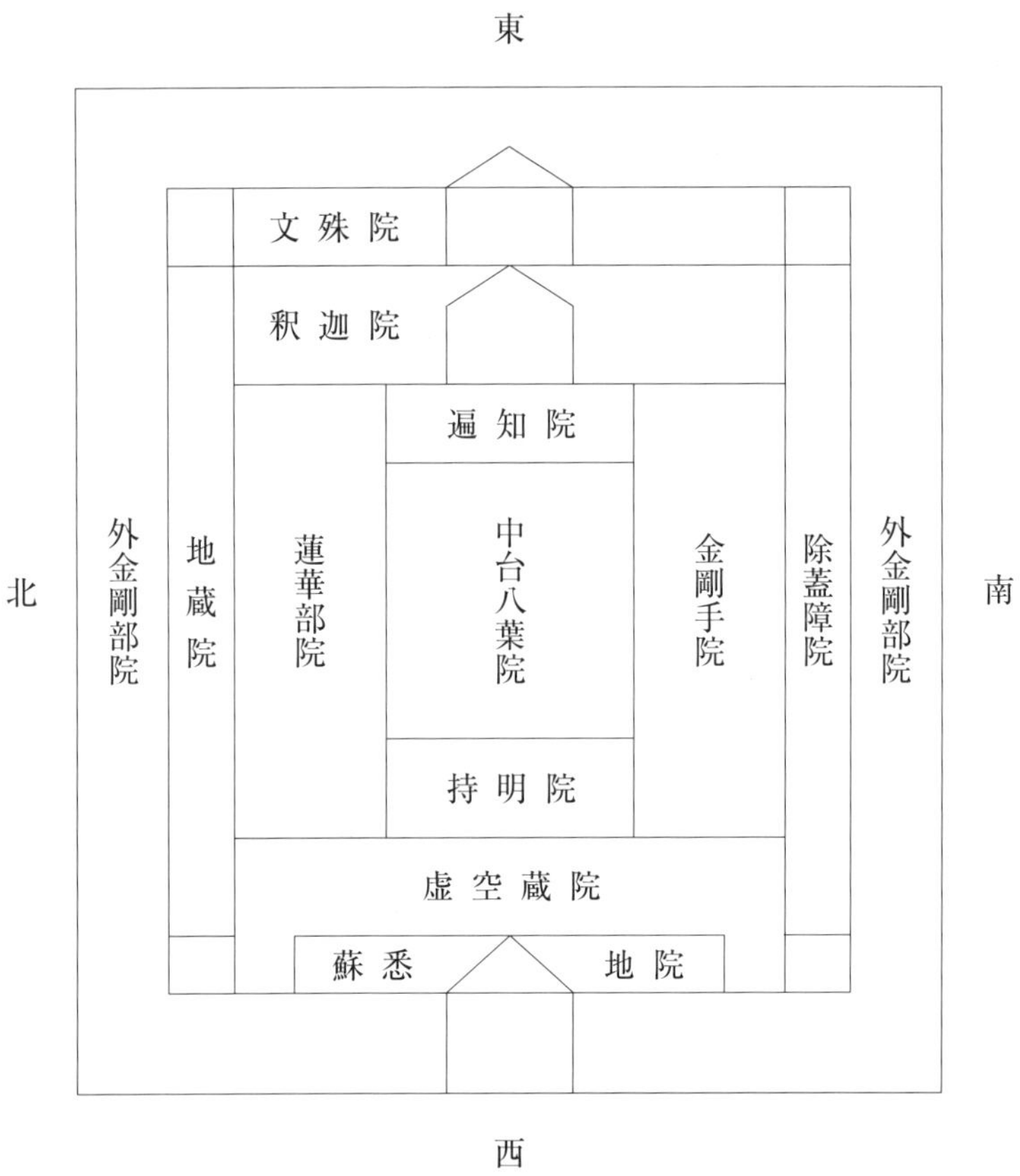
東
文殊院
釈迦院
遍知院
外金剛部院
地蔵院
蓮華部院
中台八葉院
金剛手院
除蓋障院
外金剛部院
北
南
持明院
虚空蔵院
蘇悉
地院
西

胎蔵現図曼荼羅 略図

「胎蔵現図曼荼羅」(8)（前頁の図）は、正方形の図に十二院の区画を設けて、それぞれの院が配置されている。十二院の区画位置は、中台八葉《ちゅうだいはちよう》院・持明《じみょう》院・遍知《くんち》院・金剛手《こんごうしゅ》院・蓮華部《れんげぶ》院・釈迦《しゃか》院・文殊《もんじゅ》院・除蓋障《じょがいしょう》院・地蔵院・虚空蔵院・蘇悉地《そしっち》院・外金剛部《げこんごうぶ》院の各院である。

まず、熊野を胎蔵界十二院として、それぞれの仏や菩薩の嶺としている。

禅洞が感得し、仁宗が記録したという大峯の嶺には、難陀の嶺・孔雀明王母菩薩の嶺、あるいは普賢菩薩の嶺というように、それぞれ曼荼羅各院の仏菩薩の名がつけられている。

| | 胎蔵界の嶺 | 院名 | ＊百二十宿所 | |
|---|---|---|---|---|
| 1 | 初門、左の脇、難波天の嶺 | 外金剛部院 | 西方宿 | 河崎宿 |
| 2 | 右の脇は、対面天の嶺 | 同 | 粟谷宿 | |
| 3 | 難陀の嶺 | 同 | 八重宿 | 西方宿 |
| 4 | 毘楼縛叉天の嶺 | 同 | 長屋宿 | |
| 5 | 水天の嶺 | 同 | 備宿 | 備の宿 |
| 6 | 不空供養宝菩薩の嶺 | 蘇悉地院 | | |
| 7 | 共発意転輪菩薩の嶺 | 虚空蔵院 | | |
| 8 | 生念処菩薩の嶺　極清浄地 | 同 | | 粟谷宿 |
| 9 | 孔雀明王母菩薩の嶺　六反地 | 蘇悉地院 | | |

＊百二十宿所の上は「峯宿之次第」、下は「大峯宿所一百二十所名号」による

そこでまず、それぞれ仏菩薩の嶺や天人諸尊の嶺が、どの院に所属するのか決めることにした。それぞれ鎮座する仏菩薩や天人天女の嶺を、「胎蔵現図曼荼羅」(8)(『密教辞典』)の各院の仏菩薩と照らし合わせてみると、二例を除きほとんど各院に収めることができた。これらの嶺のうち、34「降仙菩薩の嶺」と41「孔雀明王宿の峯」は、十二院を探しても所属の院は不明であった。

数例を示すと、表(前頁)のようで、難波天・対面天・難陀竜王・広目天王すなわち毘楼縛叉《びるばきしゃ》天、および水天の嶺の場所は、外金剛部院である。しかも、初門を守るのは、難波天・対面天と難陀竜王である。不空供養宝菩薩と孔雀明王母菩薩の嶺は蘇悉地院である。共発意転輪菩薩と生念処菩薩の嶺は虚空蔵院である。

配置の順序は、必ずしも一定の方式にしたがってはいないが、曼荼羅図を画いた場合に、各院の嶺の仏様がうまく配置できるように員数を制限している(二一四頁)。

胎蔵界の初門を潜って、曼荼羅現図を参考にして、これらの天人・菩薩の住所の嶺を尋ねてみることにする。曼荼羅現図にしたがって配置してみると、図(次頁)のような配置になる。

なお、初門の右脇、対面天としてあるが、右は跋難陀竜王が定位置となっている。

これらの嶺の場所は、現在、大峯山系の何処にあたるのだろう。初門のある熊野本宮から嶺に入り、深く険しい胎蔵界の大峯を通過したことは確かである。しかし、それぞれの嶺の位置を知ることは最初からの夢であったが、手がかりになる記述はほとんどない。

平安時代、おそらく大峰山脈の山々には、名前がほとんどついていなかった。したがって、こ

1 難波天の嶺………西方峯宿
2 対面天の嶺………粟谷宿
3 難陀天の嶺………八重宿
4 毘楼縛叉天の嶺…長尾宿
5 水天の嶺…………備の宿
6 不空供養宝菩薩の嶺
7 共発意転輪菩薩の嶺
8 生念処菩薩の嶺
9 孔雀明王母菩薩の嶺

胎蔵界における菩薩の嶺と百二十宿の例（部分）

中台八葉院
78 普賢菩薩の嶺……深田輪宿
79 宝幢如来の嶺……仙行寺宿
80 弥勒菩薩の嶺……戒清宿

釈迦院
83 尺迦牟尼仏の嶺…深五葉宿

47 開敷花王如来の嶺…古屋宿
44 毘盧遮那如来の嶺…玉木宿
38 天鼓雷音如来の嶺…湯甲井宿

46 文殊師利菩薩の嶺…道気宿
45 阿弥陀如来の嶺……宇河宿
37 観自在菩薩の嶺……瑠璃宿

の胎蔵界の嶺の名を記した文書が唯一の案内書であっただろう。修行の禅僧たちも、百二十宿の時代のはじめの頃は、宿の位置を示すにはこれらの嶺に頼っていただろう。

後に、この「大峯縁起」にある嶺と宿の位置を糺《ただ》そうと試みた僧もいた。文亀三年（一五〇三）、大峯において相州府中慶蔵房盛厳が記録した「御大峰宿所一百二十一所名号[9]」には、員不足これを尋ねるとして、次のように書きはじめている。

河崎宿、難波天云う、山留云う。熊野宿、大悲宿、西方宿難陀嶺。備宿水天嶺、粟谷宿清浄、備別所宿、八重宿、吹越宿。

当初から宿と嶺の場所も記録しようとしたが、吹越宿まですべてを確かめることはできなかったようである。

## 胎蔵界の嶺の史料

百二十宿についてもっとも古い記録は、長承二年（一一三三）仁和寺の古文書があると思うが、宿名だけで場所はわからない。しかし、ここに珍重な史料がある。厄除けで有名な大和郡山市の松尾山にある「大菩提山等縁起」の「峯宿之次第[10]」という古文書である。

これには、末尾に「真雅僧正日記、これを伝え、播磨の禅定房が伝えたのを行相房経智が伝え、また桂城房実円に伝える所」とあるが年代が記入されてない。しかし、別の古文書に、「承暦元年（一〇六六）六月五日、播磨禅定房応久伝え、行相房経智これを伝え、久しく桂城房実円伝えおわる。能々秘すべし。元永元年（一一一八）中津川庵室において伝了」とある。また他に、「元永二年（一一一九）、伝え得るは実円桂城房の御本なり」とあるから、この「峯宿之次第」も、応久・経智・実円と同じ頃の記録と推定される。しかも、承暦年間までさかのぼるとすれば、仁和寺文書よりも数十年前になる。

厄除けの霊刹　松尾山

『諸山縁起』に記された諸尊の嶺の大半を現地に比定することは至難であるが、「峯宿之次第」は、今後の行場址解明の史料となるといわれている[10]。この「峯宿之次第」には、最高の百十三の宿名があげられて、他に十一所ありとしている。特に、夜恋宿から高坂宿までの二十四宿は、他に記録されていない。おそらく転写を重ねているうちに、一括欠落したであろうと考えられている[11]。しかし、百二十を越えるのは、余りにも多すぎるようである。

特に重要であるのは、部分的ではあ

るが、宿名だけでなく所在する峯や飲水、石屋、如法経や卒塔婆の霊所、そこに至る道や方向なども注記していることである。これらの点から見ても、「大菩提山仏生土要の事」の嶺の位置を解く唯一の手がかりになる貴重な文書と考えられる。

　その一部を例示すると、次のように記録されている（（　）内は小文字）。

熊野宿　河崎石屋宿（童子石屋云々）

西方峯宿（難波天タケ云々、ソナヘノ半許ニ石蔵アリ、左下リ……略）

粟谷宿　対面天峯

八重宿（ヤソヘノ大石ノ東ノ脇アリ、難陀峯）

長尾宿（ヒルハクシヤノタケ宿ヒタリニクタル）

　実はこれこそ、当初から問題にしていた曼荼羅の嶺の位置と百二十宿との関係を示すものである。「嶺《みね》」が「嶽《タケ》あるいは峯」となって、「難波天タケ、対面天峯、難陀峯、ヒルハクシヤノタケ」のように呼ばれている。西方峯宿は難波天の嶺、粟谷宿は対面天の嶺、八重宿は難陀の嶺、長尾宿は毘楼縛叉天の岳とあるように、それぞれ宿のある嶺とみなしてよいのである。

　したがって、もしもこれらがすべて確かであれば、最初に抱いていた大峯の菩薩の嶺の場所、特に宿との関係が明らかになってくるのである。

　菅谷文則氏は、胎蔵界一〇九嶺、金剛界十七嶺、五如来と、大峯宿名、百二十所、相互になんらかの関係があるようであるが、それを具体的に示しえない[12]といい、その後も、考古学的検討を加え表示している(13)。また、森下恵介氏は、「峯宿之次第」にある百二十宿を中心として曼荼羅の嶺などと対応、現地調査も行い検討している(14)。

宮家準氏は、現在の行場に比定しうるものを峰（仏）、曼荼羅中のその位置および埋蔵に関する記録、現在の比定地、伝承などの順序を次のようにあげている(15)。

胎蔵界

○水天の峰（外金剛部）、藤原遠度（菊南）、如法経六部、備の宿、九頭竜の居処
○天鼓音如来の峰（中台八葉院）、真雅、法華経、釈迦ヶ岳
○離戯論菩薩の峰（金剛手院）、永西、法華経、仏具、小池宿
○虚空無辺超越菩薩の峰（金剛手院）、役行者、如法経二部、前鬼の三重滝
○一切如来智印発生菩薩の峰（遍知院）、浄海、護仏六体、深仙
○釈迦牟尼仏の峰（釈迦院）、弘徽殿《こきでん》の女御《にょうご》、釈迦、大日ヶ岳
○対面護門の峰（文殊院）、陽証仙人（尋禅《じんぜん》）、持経、空鉢

金剛界

○普賢菩薩の峰（四印会）、経筥《きょうばこ》、普賢岳
○大日如来の峰（降三世会《ごうざんぜえ》）、弥勒像、小笹

さて、これらの宿の位置と考えられる嶺の名などが、約百ケ所記入されているが、これを検討

しているうちにいろいろな問題が出てきて、また新たな難問と向かうことになる。

それは、ヒルハクシヤノタケ（岳）は毘楼縛叉天の嶺というように、それぞれの菩薩の嶺を判定してゆくと、この記録の筆者が嶺を誤認してはいないだろうかと推定される場合や、あるいはまた重複とも思われる箇所も認められた。さらに、他の百二十宿の記録とは順路が相違する場合があり、矛盾が見られることである。

したがって、この記録をそのまま信頼するには躊躇される箇所もあるが、古文書自体を参照することができないので断定はできない。これらの疑問については、後にそれぞれ関連の箇所で述べることにする。

この古文書においては、熊野から玉置山の辺りまで、また山上ケ岳から深仙あたりまで、中間の過程に認められる不可解な箇所を除いては、かなり確かな珍重すべき資料と思われる。

「大峯縁起」は、寛治四年（一〇九〇）に、白河院（白河法皇）が熊野に御幸なされた際に証誠殿に安置されていたのを、読人の僧隆明が目がよく見えなかったので、大江匡房《まさふさ》が代わりに読んだといわれている。したがって、山伏たちのうちでも、先達の中には内容をよく知っていた人もいたと思われ、「峯宿之次第」を伝えた禅定坊もその一人であったかもしれない。

当時、大峯に入る修行者の唯一の案内というのは、この「峯宿之次第」であっただろうから、これを頼りに宿を辿り嶺に登ったと思われる。

次に、「諸山縁起」にある胎蔵界の曼荼羅の嶺から、時代も下って大峯百二十宿とを照合することにした。

## 註

（1）『寺社縁起』日本思想大系　岩波書店　一一二・一三四頁　一九七五年
（2）釈迦院の如来捨菩薩は平等金剛ともいわれるから、如来捨菩薩の嶺とみなした（「諸山縁起」頭註による）。次の如来慈護念の嶺は、如来慈菩薩の嶺とすべきで、やはり釈迦院である。
（3）「諸山縁起」には、「大剣御座《まします》す白玉の栖《すみか》あり」とあるが、『証菩提山等縁起』には「丈劔御座白玉柄在（一丈の剣御座す白玉の柄《つか》あり）」と、虚空蔵菩薩の嶺の傍注にしている。
（4）「証菩提山等縁起」には、「神仙は大日、深仙は釈迦岳」、山崎聖人云う、とあるが、「諸山縁起」には欠落していると思われる。
（5）首《はじめ》と「諸山縁起」にされているが、他の資料から西《とり》が妥当と考える。
（6）宮家準『大峰修験道の研究』三四八頁　佼成出版社　昭和五十二年
（7）立川武蔵・頼富本宏『日本密教』二一一頁　春秋社　二〇〇〇年
（8）「胎蔵現図曼荼羅」（東寺・元禄本）佐和隆研編『密教辞典』法蔵館　昭和五十年
（9）「証菩提山等縁起」『修験道章疏』三　三七〇頁　名著出版　昭和六十年
（10）中野栄治『山の歴史景観—紀伊山地』五八・六一頁　古今書院　一九九四年
（11）「大菩提山等縁起」五来重編『修験道史料集』Ⅱ　一二八頁　名著出版　昭和六十年
（12）菅谷文則「大峯信仰についての考古学的アプローチ」『吉野地域における文化的価値の再点検と振興の

ための調査』一八頁　環境文化研究所　昭和五十九年度報告。
(13) 菅谷文則「熊野と大峯信仰」和田萃編『熊野信仰・熊野詣・修験道』六九～一〇五頁　筑摩書房　一九八八年。
「大峰山岳信仰遺跡の特性」奈良山岳遺跡研究会編『奈良山岳信仰遺跡の調査研究』六三～七五頁　由良大和古代文化研究協会　平成十五年
(14) 森下恵介「大峰の宿とその遺跡」『古文化論叢―伊達先生古稀記念論集―』五四六～五五八頁　一九九七年
「奥駈道の現地踏破」奈良山岳遺跡研究会編『奈良山岳信仰遺跡の調査研究』由良大和古代文化研究協会　平成十五年
(15) 宮家準『修験道』講談社学術文庫　四三～四四頁　二〇〇一年

# 第四章　大峯胎蔵界の嶺を尋ねて——チャレンジャー南都の僧たち

天平の昔、仏菩薩が鎮座する大峯胎蔵界の嶺々を尋ねて、熊野本宮から大峯の尾根を、玉置山から深仙、さらに釈迦ケ岳へと踏み越えようと志す山林修行者たちがいた。その跡をようやく手にした「峯宿之次第」という史料（以下「峯宿史料」と略記）を携え嶺に登ることにした。めざすは毘盧遮那如来、すなわち大日如来が鎮座する中台八葉院である。これらの多くの嶺を、どこまで確かめることができるだろうか。

まず、熊野宿から北に玉置山へと向かうことにする。いよいよ百二十宿の時代から平安時代、さらに奈良時代にさかのぼることになる。

その昔、役行者《えんのぎょうじゃ》は、文武天皇元年（六九七）に熊野三山に詣り、新宮川中の深谷明神の神前において権現からの霊告があったという。(1)大峯を出て熊野に詣《もう》でたように伝えられているが、はたして大峯を越えて遠く熊野三山に向かったのだろうか。役行者は、中辺路《なかへち》を歩いて様々な異変に合いながら、熊野参詣を終えたと伝えられる（「諸山縁起」）。

その頃、畿内では道昭《どうしょう》の後を追うように行基《ぎょうき》らが村落を回って、道を造り橋を架け、盛んに布教活動をしていた。都では大仏建立という世紀の大事業が、各地からの人々を集めて着々と進んでいた。その陰には、山中に踏み込んで呪力を高めようと志す僧たちがいた。朝廷では、養老二年（七一八）にそれを戒めて、ついに天平元年（七二九）には、山林に住み、偽って仏法を修行することを禁止した。もしこれを犯すものがあれば重罪に処する、と勅令を下した。しかし、山林修行者のうちには験力にすぐれた者がいることや、十年以上も山林に隠れて修行する清行の行者がいることを認めて、天平宝字二年（七五八）得度することを許した。

僧たちの山林修行が禁止されてから、それが許されたのは神護景雲四年（七七〇）のことである。それ以来、僧侶たちの山林修行が次第に盛んになってくる。

奈良時代から平安時代にかけて、吉野金峯における修行が盛んで、多くの僧たちが登っていた。禅師広達は、聖武天皇の頃に吉野の金峯山で修行し、岡寺を建立した。孝謙・桓武天皇の疾病を癒した僧報恩もまた吉野山に登って、観世音呪を侍したという。

他方、籠山の霊地を求めてさらに各地の高山へと分け入り、なかには熊野から大峯へと志す者もいた。しかし、大峯は奥深く険しいので、まだ本宮近辺の山林が修行の場であった。

## 熊野山宿から金剛多輪まで――難波天の嶺から不空絹索菩薩の嶺

これから胎蔵界の嶺に踏み入る。まず方針を決めておきたい。「峯宿史料」には、今までの他の百二十宿の順路とちがう場合もあるので、どれほど信頼することができるだろうか。

順路はやはり伝統にしたがい、今までたどってきた「金峯山本縁起」にある百二十宿のルートにしたがうことにする。おそらく、胎蔵界の嶺の巡峯のルートから百二十宿所が設けられ、さらに七十五靡に変わったと考えられる。

さて、これから嶺と百二十宿所との関係位置を、「峯宿史料」の記録を元に照合して、確実であると納得ができれば実線で結び、これを途中の道標と見て登ってゆくことにする。

なお、ともに表示してある七十五靡は、江戸期の行所である。

熊野川が傍を流れる熊野本宮旧社地、大斉原《おおゆはら》から東の七越の峯、さらに吹越方面を眺めると、山はさらに北へと奥深く尾根がつづいている。熊野本宮から新宮方面へ国道一六八号線を進むと、最初に渡るのが備崎《そなえざき》という名の橋である。近くに備宿《そなえの》があった。備宿のある5「水天の嶺」から、6「不空供養宝菩薩の嶺」を出ると途中に月見の宿がある。

七越の峯の山頂には、奥駈した西行法師（一一一八〜一一九〇）の歌碑がある。

| 胎蔵界の嶺 | 百二十宿 | 七十五靡 |
|---|---|---|
| | 一　熊野山宿 | 一　証誠殿 |
| 1　難波天の嶺（外金剛部院） | 二　西方峯宿 | 二　那智山 |
| 2　対面天の嶺（同） | 三　栗谷宿 | 三　新宮新誠殿 |
| 3　難陀の嶺（同） | 四　八重宿 | |
| 4　毘楼縛叉天の嶺（同） | *（長尾宿） | |
| 5　水天の嶺（同） | 五　備宿 | |
| 6　不空供養宝菩薩の嶺（蘇悉地院） | | |
| 7　共発意転輪菩薩の嶺（虚空蔵院） | | |
| 8　生念処菩薩の嶺（同） | | |
| 9　孔雀明王母菩薩の嶺（蘇悉地院） | | |
| 10　一髪羅刹王菩薩の嶺（同） | | |
| 11　心忿怒鉤観自在菩薩の嶺（虚空蔵院） | | |
| 12　婆蘇大仙人所の嶺（蘇悉地院） | | |
| 13　十一面観自在菩薩の嶺（同） | 六　吹越宿 | 四　吹越山 |
| 14　堅固身菩薩の嶺（地蔵院） | | |
| 15　供養仏の嶺〔千手岳〕（虚空蔵院） | （黒坂宿） | |
| 16　如飛菩薩の嶺〔大仙の宿〕（同） | *（黒坂宿） | |
| 17　白処観自在菩薩の嶺（蓮華部院） | （山崎宿） | |

| | | |
|---|---|---|
| 18 持地菩薩の嶺 （地蔵院） | （安日宿） | |
| 19 大吉変菩薩の嶺 （蓮華部院） | 七 相西宿 | |
| | 八 山西宿 | |
| | 九 黒坂宿 | 五 大黒天岳 |
| | 一〇 烏摩馬宿 | |
| 20 水吉得菩薩の嶺 （同） | 十一 垂子宿 | |
| 21 不空羂索菩薩の嶺 （同） | 十二 金剛多輪 | 六 金剛多輪 |

（ ）は「峯宿之次第」にある宿名、＊は「大菩提山等縁起」註記

熊野へ詣りけるに、七越の峯の月を見て詠みける（『山家集』）

たちのぼる月の辺りに雲消えて　光重《かさ》ぬるななこしの峯

七越は、大峯山から数えて七つ目の峯にあたるので名付けられたそうで、このふもとには山伏宿が建ち並んでいたという。

熊野両所に参詣した修行者のうちには、山林に分け入って樹下に座って読経し、あるいは洞窟に籠もって瞑想の日を過ごす者もいただろう。七越の峯から西に突き出た丘陵は「備崎」と呼ばれて、今も多数の経塚が発見される経塚群があり、このあたりの嶺に多く納経がなされたのだろう。また、大峯八大金剛童子の除魔童子は、良弁が吹越宿で感得したとされている。

熊野本宮付近の嶺と熊野川

次第に奥へ駈け入ると、熊野本宮の熊野山宿から奥の金剛多輪の間には、表示したように二十余の多くの嶺がある。しかし、百二十宿の時代になると、確実なのはその約半数の十一宿に減っている。

特に、13「十一面観自在菩薩の嶺」の吹越宿までには、定心所・三念所（7「共発意転輪菩薩の嶺」）、堅固清浄所（8「生念処菩薩の嶺」）、六反地（9「孔雀明王母菩薩の嶺」）、降魔所（10「一髪羅刹王菩薩の嶺」）、止観念所（11「心忿怒鉤観自在菩薩の嶺」）、浄戒土（13「十一面観自在菩薩の嶺」）のような一連の霊所が設けられていた。

さらに、平等所、転法輪所から玉置山の八葉母所と連なっている。おそらく本宮に近く、人々が玉置山に詣でる途中の重要な信仰の礼拝所であったと考えられるが、初期の成立であろう。

熊野山宿から金剛多輪までは、当時の修行者が参詣できる神聖な場所であったのだろう。備《そなえ》崎《ざき》から七越の峯（二六二一メートル）を越え、吹越山から大黒天神岳（五七八メートル）へと連なるのはまだまだ低い山系で、天皇がたびたび使者[2]を派遣して、仏像や御経を寄進された次の嶺々がある。

| | （胎蔵界の嶺） | （天　皇） | （使者） | （寄進物） |
|---|---|---|---|---|
| 3 | 難陀の嶺 | 天智天皇（六六二〜六七一） | 恵倫 | 観無量寿経 |
| 15 | 供養仏の嶺 | 天智天皇 | 良弁 | 請観音経 |
| 17 | 白処観自在菩薩の嶺 | 天智天皇 | 良弁 | 観音像六寸 |
| 18 | 持地菩薩の嶺 | 同 | 同 | 三寸白檀釈迦像 |
| 20 | 水吉得菩薩の嶺 | 帝皇 | 善珠 | 花厳経 |

天智・天武・持統天皇、さらに文武天皇の時代には、熊野は容易にたどりつけるような状況ではなかった。まず熊野から大峯に足を踏み入れたのは、良弁、善珠、恵観の法相宗、三論あるいは律宗の南都六宗の僧たちであった。これらの南都の沙門たちのうちから、大峯奥駈の初期の挑戦者が現れたのである。

天智天皇の使者としている僧恵倫は、後の文武天皇の時代の人である。また、良弁は聖武天皇の時代の人で、天皇が大仏建立の時に金の不足を心配して、金峯山に派遣して蔵王権現に祈らせたのは良弁であった。

善珠は法相宗の僧で、天皇（淳仁・称徳・光仁天皇の時代、七五八〜七八一）の御使として熊野へ向かい、天皇自筆の大字法花（華）経を、金剛多輪宿に近い垂子宿のある20「水吉得菩薩の嶺」に納めた。善殊は、延暦元年（七八二）に僧正に任ぜられている。

一演は、山城の人、真言宗。各地を放浪し、験力にすぐれていたという。貞観八年（八六六）権僧正。

これらの僧たちが登ったという15「供養仏（仙）の嶺」、17「白処観自在菩薩の嶺」、18「持地菩薩の嶺」、20「水吉得菩薩の嶺」は、吹越宿から大黒天岳を経て金剛多輪辺りの嶺と思われる。まだまだ未知の深い奥山には踏み込んでいなかった。水呑宿はまだはるかに遠く、本宮からようやく七越峯を越えて、奥駈にかかろうというあたりである。

この頃、金峯では最澄の弟子の光定が、弘仁三年（八一二）に修行をしたという。大和の人で、興福寺の玄昉に師事した法相宗の僧である。

弘仁七年（八一六）には、空海が高野山を開いた。空海は少年の頃に、吉野から歩いて高野山にたどりついたことを記録しているが、遠く熊野へ赴く僧たちもいたようで、山林修行や熊野三社へ参詣する修行者が次第に多くなってきたようである。

南都の僧たちの跡を見ると、吹越宿を越えた良弁や善珠が登った嶺を、さらに奥へと日代や真雅、勤操が登っていった。この頃になって次のような寄進が行われている。

11　心忿怒鉤観自在菩薩の嶺　　日代　　如法経
13　十一面観自在菩薩の嶺　　真雅　　法花経
14　堅固身菩薩の嶺　　同　　三鈷杵
21　不空羂索菩薩の嶺　　勤操　　大集経

日代聖人は延暦十四年（七九五）、三十四歳の時に大峯灌頂を受けたとされているが、灌頂系譜の初期の人物はおそらく伝説的なこととされているようである。

真雅僧正は空海の弟であるが、熊野に参詣し、浄戒土とされている吹越宿のある13「十一面観自在菩薩の嶺」に登って自筆の法花経を、また14「堅固身菩薩の嶺」にも登って三鈷杵を安置した。貞観六年（八六四）、僧正となる。

勤操は十六歳のときに高野山で修行し、また東大寺において三論を学んだ。弘仁元年（八一〇）には、宮中で最勝王経を講義し、後に東大寺・西寺を管理し、大和に石淵寺を開いた。

4　毘楼縛叉天の嶺　　嵯峨天皇（八〇九～八二三）　　御経、虚空蔵菩薩
10　一髪羅刹王菩薩の嶺　　清和天皇（八五八～八七六）　　五大力菩薩の像

16　如飛菩薩の嶺　　天皇（清和天皇？）　一演　千手経三十三巻

このような奥駈道が、ようやく開かれようとしたきざしは、山林修行が解禁された八世紀の中頃から九世紀のはじめの頃、およそ七八〇年代から八〇〇年の中頃だろう。

「熊野年代記」によると、熊野三社を管理するために新たに熊野別当が設けられている。嵯峨天皇の弘仁三年（八一二）十月十八日、初代別当として熊野第一座快慶が補任された。(3)

ところで、対面岳（対面天の峯）で行われていた晦日《みそか》（または晦日《つもごり》）山伏という当時の行事があった。これは熊野修験において大切な神事で、山伏たちの重要な行事であった。

例年十二月、伊勢の天照大神が熊野に影向《ようごう》されて熊野権現とご対面されるというので、山伏たちが対面岳に登って御供応の儀が行われていた。毎年、十一月三日から十二月大晦日の六十日間にわたって行われ、これを先途《せんど》山伏と号していた（「両峯問答秘鈔」(4)上）。

この行事は、天平宝字五年（七六一）に、筑前禅師の観久が先達としてはじまり次のようにつづいていたが、宝亀八年（七七七）から途絶えて、寛平九年（八九七）まで百二十一年間も長期にわたって中絶するにいたっていた。

天平宝字六年（七六二）　観芸聖人
天平宝字七年（七六三）　珍暁

天平宝字八年（七六四）　浄寛
神護景雲元年（七六七）　鑑真和尚
神護景雲二年（七六八）　浄阿聖人

なお、天平神護三年（七六六）(5)十月九日、珍尊は水尾の仙人ら同行三人で熊野に参詣した。これが、熊野御山へ参詣の初めであると書いてある（『諸山縁起』）。

## 般若宿から水呑宿――地蔵菩薩の嶺から白身観世音菩薩の嶺

吹越峠では法螺を吹き、大黒天岳（五七四メートル）を越えて金剛多輪にたどりつく。金剛多輪は六道の辻にあり、今も宿跡には役行者の石像を祀った小さな堂がある。

21「不空羂索菩薩の嶺」のある蓮華部院を越えると地蔵院に入る。

金剛多輪の宿跡と水呑金剛の中間には、五大尊岳（八二五メートル）と大森山（一〇四五メートル）があり、またその間には二つの辻（篠尾辻）がある。

この辺りは次に示したように、天皇、内大臣が使者を派遣して納経なされた嶺が連なる霊地の一帯であったと思われる。

22　地蔵菩薩の嶺
淳和天皇（八二三～八三三）　護命　十輪経、銀三寸地蔵菩薩像

24　宝印手菩薩の嶺　醍醐天皇（八九七〜九三〇）　長意　法花経
25　普観菩薩の嶺　嵯峨天皇（八〇九〜八二三）　献憲　法花経
26　除一切憂冥菩薩の嶺　宇多法皇（八六七〜九三一）　惟首　薬師仏三寸金像、花厳経

護命は法相宗の僧で、美濃の人である。元興寺の万耀・勝虞について唯識を学んだ。十七歳の時、唐招提寺で受戒し、若い頃から吉野山に籠もり、その後ながらく修行につとめた。延暦十年（七九一）、詔によって入京し、しばしば宮中で講経したという。天長四年（八二七）に僧正となる。

長意は天台宗の僧で、和泉の人である。紀氏の出身、円仁の弟子で、昌泰二年（八九九）、第九代天台座主となる。

献憲は天台宗の僧で、下野の人である。幼くして上京し、円珍に学んだ。惟首のあとを受けて寛平五年（八九三）、第三代園城寺長吏、第七代天台座主となる。

なお、23「普光菩薩の嶺」には、百余年も後に山伏道命が内大臣の使者として自筆法花経を納めている。道命は、藤原道綱の子、良源の弟子である。天台僧で長和五年（一〇一六）、天王寺別当になった人物であるから、藤原道長が山上蔵王堂に参詣したはるか後のことになる。しかし、山伏とされているのが疑問視されているようである。

| | 胎蔵界の嶺 | | 百二十宿 | 七十五靡 |
|---|---|---|---|---|
| 22 | 地蔵菩薩の嶺 | （地蔵院） | | |
| 23 | 普光菩薩の嶺 | （同） | 十三　般若宿 | 七　五大尊岳 |
| 24 | 宝印手菩薩の嶺 | （同） | （夕暗宿） | 八　岸宿 |
| 25 | 普観菩薩の嶺 | （同） | 十四　安日宿 | |
| 26 | 除一切憂冥菩薩の嶺 | （同） | （年越宿　薬師） | |
| 27 | 平等所 | （釈迦院） | | |
| 28 | 如来慈護念の嶺 | （同） | | |
| 29 | 大随求菩薩の嶺 | （蓮華部院） | | |
| 30 | 波葉衣菩薩の嶺 | （同）(6) | | |
| 31 | 白身観世音菩薩の嶺 | （同） | 十五　水呑宿 | 九　水呑宿 |
| 32 | 豊財菩薩の嶺 | （同） | 水呑下 | |

宇多法皇の仏像の寄進については、「諸山縁起」に次のように書いてある。

除一切憂冥菩薩の嶺に寛平二年（八九〇）五月、帝皇（宇多法皇）の御使華厳経を送り給う。惟首阿闍梨《がんしゅあじゃり》なり。並びに本尊薬師仏は三寸仏なり。金像。

惟首は、天台宗の僧で、近江の人である。遍昭に学び、円珍のあとをついで寛平三年（八九一）、第二代園城寺長吏、翌四年第六代天台座主となった人物である。

同じ記録が、「金峰山草創記」の「代々被送御震筆並御経仏等事」の中にある。

宇陀院寛平二年五月。御本尊新金三寸薬師御仏並華厳経奉納、除一切愛（憂）冥菩薩嶺。御使惟首阿闍梨。

また、「金峰山雑記」にもある。

除一切憂冥菩薩の嶺の位置については、「大菩提山等縁起」[7]の「峯宿之次第」には、「夕暗宿宝印手菩薩タケ。年越宿大峯辻云、石屋下ニアリ、左右ニアリ。薬師ト云、右下ニ水アリ」とある。また、経てきた嶺々の位置から考えても、除一切憂冥菩薩の嶺は、年越宿、大峯辻あたりで、薬師仏が奉納されていたので薬師と呼ばれていたのだろう。

これらの記録から、宇多法皇が黄金仏を寄進なされたのは、御自身の参詣によるのではなく、惟首阿闍梨を使者として派遣したのであって、黄金の薬師仏を納めたのは、この除一切憂冥菩薩の嶺[8]であって、山上ケ岳の大峯山寺から出土の黄金仏とは大きさも異なる。

なお、大峯釈迦岳の釈迦堂には、諸大名などが寄進した小さな黄金仏が、釈迦像の周囲に数多く並べられていたという十六世紀のポルトガル宣教師の記録や別の書簡もある。[9]

ところで、宇多法皇は昌泰二年（八九九）に吉野宮滝に行幸して、その風景に感激して歌を詠まれたが、さらに金峯山に詣ることを願って、昌泰三年（九〇〇）に参拝した。『扶桑略記』[10]には、昌泰三年、「七月。法皇参詣金峰山」と簡略に記載されている。これは吉野金峯山で、いわゆる大峯山、山上ケ岳を指すのではないと考える。宮滝から指呼の間にある金峯山では、法皇の行列も粛々と進んだことだろう。

「金峰山草創記」[11]には、宇多法皇は昌泰三年（九〇〇）七月に御臨幸となっている。しかし、同記録に、白河院は「御山上御宿坊東南院」御参詣となっている。宇多法皇よりも約二百年近く後の寛治六年（一〇九二）のことである。また、「金峰山雑記」[12]には、「帝王御帰依事」の中に、宇多天皇の薬師如来の奉納と、昌泰三年七月、さらに延喜四年に御臨幸云々傍注がある。白河院は、寛治六年（一〇九二）七月十二日御参詣と記されて、ここでも吉野の金峯山には御臨幸、山上へは御参詣と区別しており、金峯山寺御臨幸と理解される。なお、山伏問答集である江戸期の「両峯問答秘鈔」[13]では、問七十五「聖主金峯山に御幸有りや否や」には、「白河院臨幸」とのみ記されて、宇多法皇は記録されていない。

宇多法皇の当時の金峯山とは、現在の吉野山一帯と見なされる。陽勝が金峯山に登り、「古仙室」を尋ねているが、「古仙旧庵」「古仙草庵」ともいわれ、籠山修行の旧跡が遺っていたのであろう。宇多法皇の従者の二人の朝臣も「古仙旧庵」を尋ねている。おそらく法浄仙宿・当熟仙宿・戒経仙宿などと呼ばれている地点などであろう。しかし、修行者が次第に奥へと踏み入るようになると、金峯山の領域もひろがって、藤原道長の当時は、すでに山上ケ岳までも含まれるようになっていた。

しかし、陽勝仙人が籠って修行した当時の金峯は、まだ山上ケ岳までは及んでいなかったと想われる。宇多法皇の宮滝御幸でさえ、菅原道真ら数十人の従者をしたがえての行列で、山上参詣となると大行事になる。熊野御幸を想えば、『扶桑略記』の著者も、僅か七文字の記録に留めはしなかっただろう。

さて、話をもとにもどそう。

醍醐天皇（敦仁《あつひと》天皇）は延喜年間（九〇一〜九二三）に、良象がまだ位のない凡位の時に使者として、27「平等所（如来捨菩薩の嶺）」に大集経五部を送り奉ったとある。彼は未詳の人物である。また、28「如来慈護念の嶺」に、清和天皇は円珍をして、陽成院の御本尊・大乗経五部を納められた。

29「大随求菩薩の嶺」は、大峯辻と水呑の中間にあるが、高野聖人の西緑が斉衡元年（八五四）四月十六日、大日如来像を安置した。西緑聖人は、3「難陀の嶺」にも、すでに如法法花経を安置していた。

清和天皇（惟仁天皇）は、貞観二年（八六〇）二月六日には、31「白身観世音菩薩の嶺」に使者を派遣して、御自筆の法花経を安置した。同じく法花曼荼羅も御坐すとある。

32「豊財菩薩の嶺」には、先に11「心忿怒鉤観自在菩薩の嶺」に如法経を収めた日代が同様に如法経を置き納めた。

天智天皇が恵輪や良弁をして仏像を安置したというのは、おそらく仁宗か追記者の思い違いであろう。しかし、このような貴人による寄進は確かに行われたのだろうが、この時代は熊野の奥にはまだ誰も足を踏み入れてはいなかっただろう。
いよいよ順峯の始まりといえる。初期の修行者たちはまず玉置山を目指したであろうが、当時はやはり難行苦行だったにちがいない。今は、本宮から行仙岳や平地の宿はほぼ一日の行程であるが、途中すでに吹越宿で一泊している。玉置山はまだ遠く、水呑宿へようやくたどり着いたのである。ここには水呑金剛といわれ、慈悲金剛童子が祀られ、大峯八大金剛童子の一つである。

註

（1）「熊野年代記」五来重編『吉野熊野信仰の研究』三五八頁　名著出版　昭和五十年
（2）人物については、主に『諸山縁起』の頭註あるいは補註などに拠った。
（3）「熊野年代記」五来重編『吉野熊野信仰の研究』三六一頁　名著出版　昭和五十年
（4）「両峯問答秘鈔上」『修験道章疏』一　五九一頁　名著出版　昭和六十年
（5）『寺杜縁起』日本思想大系　一〇四頁　岩波書店　一九七五年
（6）「峯宿之次第」には、水呑宿を「普観菩薩タケ明星薬水、水名本ノ水ナリ」としているが、これにしたがうと、峯辻の薬師菩薩像を納めた安日宿の手前になる。『大菩提山等縁起』には、白身観世音菩薩の嶺の傍注に水呑宿とあり、また、水呑は豊財菩薩の嶺の下としているので、これにしたがうことにした。
（7）「大菩提山等縁起」『修験道史料集』Ⅱ　二二一頁　名著出版　昭和六十年
（8）この嶺には「大菩提山等縁起」に「釈迦卉嶺同所也」の傍注がある。

（9）一、十六世紀、ポルトガルの宣教師グズマンは、『東方伝道史』に「第八章　山伏僧が毎年行う聖所巡拝に就いて」の記録の中に、次のような事が書いてある。
後鬼が参拝者を案内して、「全部の懺悔がすむと、黄金の釈迦像を安置した寺院のある所まで歩きつづける。この釈迦の像の側には、小さい数多くの黄金の像がある。これは日本の諸侯達が献納したものので、彼等が山伏と一緒に巡拝に行く時に贈ったものである。この釈迦の形をした悪魔を拝した後、後鬼と別れる」（ルイス・デ・グスマン著新井トシ訳『グスマン―東方伝道史』上巻　四七二頁　天理時報社　昭和二十年）
二、イエズス会『日本年報』上〈新異国叢書〉二七七～二八二頁　雄松堂書店　一九六九年
フロイスは、「一五八三年二月・口之津発・パードレ・ルイス・フロイス書簡」に、先のグスマンとほぼ同様のことを書いている。

「懺悔が終わると、後鬼はいままで見たことのない非常に危険な場所に彼等を案内する。その内には、広大な堂があり、ここを釈迦ケ岳という。堂内には、純金の偶像が祭壇の上に据えてある。これは釈迦の像で、堂内の周囲には多数の金の小偶像がある。武士および貴族らが山伏が参拝の時に、これに託して捧げたものである。堂内には人は居らず、また居住する者もなく、一年に二回巡拝者が通過するだけであるから、金の偶像を盗み、またこれに手をつける者はいない」
（10）黒板勝美国史大系編集会『扶桑略記』第一二巻　一七〇頁　吉川弘文舘　昭和四十年
（11）「金峰山草創記」『修験道章疏』三　三六一頁　名著出版　昭和六十年
（12）「金峰山雑記」『修験道章疏』一　四七一頁　名著出版　昭和六十年
（13）「両峯問答秘鈔」『修験道章疏』二　五九一頁　名著出版　昭和六十年

# 第五章　中台八葉院の玉置山を越えて仙洞へ

白身観世音菩薩の嶺すなわち水呑宿から玉置山に向かう。玉置山は胎蔵界の中台八葉院内にあるが、さらに奥の仙洞《せんのほら》までの間には、禅師《ぜんじ》たちが籠もって修行した多くの嶺がある。大峯に曼荼羅の嶺の夢を描き出したのは、これらの籠山修行の僧たちの頃からであろうか。その後、僧たちが修行した蓮華部院《れんげぶいん》の嶺も持明院《じみょういん》の嶺も、なぜか百二十宿のうちにはふくまれていない。

●

金剛多輪の嶺を越えて、はるかに玉置山へと向かう。役行者《えんのぎょうしゃ》が如意宝珠《にょいほうじゅ》を山頂に埋めたとも、弘法大師が埋めたともいわれるように、宝玉が置かれた由縁のある山である。

玉置山は胎蔵界の中央の中台八葉院に位置付けされ、平安時代から多くの修行者が大日如来に参詣した。また、玉置山頂には阿弥陀《あみだ》如来の嶺があり、やはり修行の要所であった。

また、廃仏毀釈《はいぶつきしゃく》がおこなわれていない維新の前の江戸期には、玉置権現が祀られていた。また、神仏習合がおこなわれて、山中には七坊十五寺もの寺院があった。

蓮華部院の嶺々を経て、中台八葉院のある玉置山を越えると虚空蔵院の嶺に向かう。しかし、道中は、迷路のようで山中の宿を尋ねてさまようことになる。

## 水呑宿から玉置山へ、消えた蓮華部院の嶺々

金剛多輪から玉置山の間には二十余の多く嶺があり、宿の位置が確実な水呑宿と玉置山の間には、十余の多くの嶺がある。

しかし、これら嶺のうち、特に34「降仙菩薩の嶺」と41「孔雀明王宿の峯」の二つだけは、この広い胎蔵界に所属する院が確認できない。おそらく胎蔵界の嶺の名が決まる前から、この名の嶺・峯として知られていたのだろう。

降仙菩薩の嶺には、石屋聖人が法花（華）経を八ケ所に安置した。また、孔雀明王宿の峯も、役行者の孔雀明王呪に因んで名づけられていたのだろう。もし、近くの他の嶺と同時あるいは後に名付けたならば、当然、蓮華部院の菩薩の名をつけたであろう。

熊野宿から玉置山辺りにかけて嶺が多いのは、籠山修行の僧たちが、蓮華部院の嶺としてそれぞれ適所を見つけて経を安置し、あるいは仏像を納めて修行した場所が多かったからだろうか。

途中には大峯辻があり、水呑宿を越えてから胎蔵界の中台八葉院に入って、玉置山の大日如来に

現在の玉置山 権現参道

参拝する。

「金峰山本縁記」の百二十宿の順路を正当なルートとすると、ときおりそれとは違う「峯宿史料」の道順に迷うことがある。最初に迷ったのは、水呑を越えて玉置への途中にある33「耶輪多羅《やしゅたら》菩薩の嶺」を覚輪宿、37「観自在菩薩の嶺」を瑠璃宿としていることである。しかし、道順（五〇頁）は、さらに奥の怒多宿の近くの嶺にある百二十宿の三〇「瑠璃宿」と三一「覚輪宿」と同じになっている。

「峯宿史料」の説明[1]には、「覚輪宿、ミノヲノ僧行南、ヤスタク菩薩ノタケ、タナム如法経安置スル処也。略」とある。これは、「耶輪多羅菩薩の嶺、箕面寺の僧菊南、如法々花経を安置する」とある「大峯縁起」の追記と同じである。箕面寺の菊南は、大峯に五度も修行をしたといい、かなり後の北野三位（永祚元年〈九八九〉没）の頃の人物である。

また、「瑠璃宿、八葉内ニアリ、八葉ノ観自在」

| 胎蔵界の嶺 | | 百二十宿 | 七十五靡 |
|---|---|---|---|
| 31 白身観世音菩薩の嶺 | （蓮華部院） | 十五　水呑宿 | 九　水呑宿 |
| 32 豊財菩薩の嶺 | （同） | | |
| 33 耶輸多羅菩薩の嶺 | （同） | （覚輪宿） | |
| 34 降仙菩薩の嶺 | 不明 | | |
| 35 大勢至菩薩の嶺 | （蓮華部院） | （法花宿） | |
| 36 毘里倶胝菩薩の嶺 | （同） | | |
| 37 観自在菩薩の嶺 | （中台八葉院） | （瑠璃宿） | |
| 38 天鼓音如来の嶺 | （同） | 十六　湯甲井 | |
| 39 多羅菩薩の嶺 | （蓮華部院） | （鳴知宿） | |
| 40 大白身菩薩の嶺 | （同） | （霞宿） | |
| 41 孔雀明王宿の峯 | 不明 | | |
| 42 馬頭観自菩薩の嶺 | （蓮華部院） | （野吹宿） | |

とあるのは、中台八葉院の37「観自在菩薩の嶺」を指している。

水呑宿と玉木宿との間の蓮華部院の嶺には、清和天皇が使者を派遣して納経された白身観世音菩薩の嶺をはじめとして、次のような嶺がある。

31　白身観世音菩薩の嶺　　清和天皇（八五八〜八七六）の御使、御自筆の法花経

32　豊財菩薩の嶺　　　　日代聖人（未詳）、如法経
33　耶輸多羅菩薩の嶺　　箕面寺の菊南、如法々花経
34　降仙菩薩の嶺　　　　師子の石屋聖人（未詳）、如法経
35　大勢至菩薩の嶺　　　大原聖人（未詳）、如意輪観音菩薩・大勢至菩薩三寸像

36「毘里倶胝（毘倶胝《びくち》）菩薩の嶺」には、仁明天皇（八三三～八五〇）の太子の御祈りのために、般若理趣分・愛染明王五寸の御像がおさめられている。

37「観自在菩薩の嶺」と38「天鼓音如来の嶺」とは、中台八葉院に入る嶺である。水呑を越え途中の37「観自在菩薩の嶺」には、真禅が平城天皇（八〇六～八〇九）自筆の法花経を、かなり早く弘仁十三年（八二二）に納めている。彼は未詳の人物であるが、「金峰山雑記」(2)には、智証大師弟子と傍注されている。しかし、弘仁十三年は円珍がまだ出家もしていない頃である。

また、38「天鼓音如来の嶺」には、真雅僧正が釈迦の仏舎利を納めた瑠璃塔ならびに金泥の法花経を安置した。彼は、貞観六年（八六四）僧正となる。「峯宿史料」には、陽田井「釈迦菩薩」とあるから、天鼓音如来の嶺を湯甲井宿とみなしてよいだろう。

なお、宮家準氏は、天鼓音如来の嶺を釈迦ケ岳に比定している。(3)同氏はまた、「大峯縁起」の霊地の中でも、特に重視されていた場所として、胎蔵界の中台八葉院の諸尊に注目している。そ

の中心ともいえる阿弥陀如来の嶺には弥陀三尊が祀られ、この地が現在の大峰山のどのあたりになるか定かではないが、一応持経宿から涅槃岳の辺りと推定しておきたいとしている(4)。

39　多羅菩薩の嶺　　真済　　大日経　　斉衡三年（八五六）僧正
40　大白身菩薩の嶺　一演　　白檀六観音躰、法花経　　貞観八年（八六六）権僧正
41　孔雀明王宿の峯　真然　　孔雀明王躰、　　寛平二年（八九〇）僧正
42　馬頭観自菩薩の嶺　益信　　如法六観音経　　昌泰三年（九〇〇）僧正

ところで不思議なことがある。水呑・玉置の間にある蓮華部院の嶺には、表に示すように百二十宿所の時代には、まったく宿がない。

熊野修験は、天台系による順峯修行が主流になると、真言の僧たちが修行の場をおいていた玉置山付近の蓮華部院の嶺からは、宿がすべて消えていったのであろうか。真雅・真済・一演・真然・益信は、みな真言宗の人たちである。それとも、その頃には、すでに泊まる必要もない通過点になっていたのかもしれない。

## 中台八葉院の玉置山、阿弥陀如来の嶺へ

玉置山は、大峯七十五靡では十番目で、ようやく大峯に入ったばかりであるが、大峯曼荼羅で

は玉置山までに、すでに百余の嶺のうち約半数の仏菩薩の嶺がある。修行者たちは、胎蔵界の中心になる中台八葉院の嶺である玉置山を目指してつづいていた。

　玉置山に関しては、玉木「左小行、水アリ、下テ、毘盧遮那宿」、宇河宿「阿弥陀タケ、玉木ヨリ少上」と記されている。玉木宿は44「毘盧遮那《びるしやな》の嶺」にあり、またその上は、宇河宿のある45「阿弥陀如来の嶺」である。

　仁明天皇（八三三〜八五〇）は、行基菩薩を使者として、44「毘盧遮那如来の嶺」に大日如来の五寸の金像を安置させ、また金剛頂・諭伽論・大日経、幡三流を納め、御護《おまもり》も埋められたという。しかし、使者の行基菩薩は聖武天皇時代の人で、年代的には合わない。

「熊野年代記」によると、行基は聖武天皇の天平十七年（七四五）二月には、熊野に参詣して阿弥陀薬師観音を作ったとある。また、「熊野年代記」には、延暦十年（七九一）玉置山の大雪通行止の記録が見られ、この山は相当早くから参詣されていたようである。

| 胎蔵界の嶺 | 百二十宿 | 七十五靡 |
|---|---|---|
| 43 観世音菩薩の嶺（中台八葉院） | | |
| 44 毘盧遮那如来の嶺（同） | 十七 玉木宿 | 十 玉置山 |
| 45 阿弥陀如来の嶺（同） | 十八 宇河宿 | 十一 如意珠岳 |
| 46 文殊師利菩薩の嶺（同） | 十九 道気宿 | |
| 47 開敷花王如来の嶺（同） | 二十 村尾宿 | 十二 古屋宿 |

玉置山は、大日如来すなわち毘盧遮那《びるしゃな》如来の嶺・阿弥陀如来の鎮座する中台八葉院として熊野修験の要所になる。

43　観世音菩薩の嶺　　　　　真然　如法経

44　毘盧遮那如来の嶺　　　　仁明天皇の御使、行基菩薩

玉置山頂の45「阿弥陀如来の嶺」に、善仲は如法経を安置し、また阿弥陀三尊を岩屋に安置している。46「文殊師利菩薩の嶺」には、天慶五年（九四二）四月八日、寛空はお使いとして唐本文殊二鋪を安置している。47「開敷花王如来の嶺」に、観恵は文武天皇御使者として、剣ならびに御護を送り給われた。年代的にはかなり古い時代で疑問がある。

熊野宿から玉置山辺りにかけて、僧たちが仏像を安置し、あるいは御経を納めて修行していたのは、これら多くの僧たちがまだ修行中の位のない凡位の頃である。

比叡山で修行していた円珍は、承和十二年（八四五）には十二年間にわたって籠もっていた修行が終わって、その後、金峯・熊野那智に入って修行したという(5)。円珍はまた、文徳天皇の天安二年（八五八）、那智の滝に参籠してから玉置山に登り、修法加持することによって神仏が混じて現れ、玉置山は神仏習合の霊地とされるようになったという。

それにしても全般的に見みれば、狭い水呑・玉置の間のどこにこれらの多くの嶺があったのだろうか。水呑宿から修行の嶺を巡るために迂回し、「宝冠の森」辺りまでも踏み込んでいたのか

もしれない。宝冠の森は峯中の最も神秘な森で、死者のための供養が現代の奥駈修行でも行われている。あるいはまた、高野山の宿坊のように玉置山頂付近に多くの菩薩の嶺が集まっていたのだろうか。

「玉置山権現縁起(6)」には、「毘盧遮那如来の嶺は、玉置御在所の上なり。仁明天皇が大日如来を安置させ、これによって玉置宿は大日宿ともいう」とある。この間五十六仏の峯があり、先に述べたように降仙菩薩の嶺の法花経安置は八ケ所あるというから、合わせると蓮華部院の多くの霊所や行所があったのだろう。

## 玉置宿から金剛手院・持明院の嶺へ――苔蔔輪宿、仙洞へ

玉置山から奥には、まだ修行者は足を運んでいなかったようである。当時、玉置山は真言あるいは天台の僧たちの修行の場所になっていた。しかし、南都の法相や律宗の僧たちは、さらに奥にある東屋峯《あずまや》から仙洞のある苔蔔輪宿《せんふくりん》(仙ケ岳)、笠捨《かさすて》辺りまで踏み込んでいたようである。

玉置山から仙ケ岳すなわち笠捨山までの間には、表(次頁)に示したように、百二十宿時代より多い胎蔵界の金剛手院と持明院の嶺があった。

古屋宿を越えて、香精山から奥の仙ケ岳、今の笠捨までの山域に多くの嶺が集中していて、参詣、寄進をしているのは、玉置山に多く集まっていた天台・真言系の僧たちではなく、南都の僧

| 胎蔵界の嶺 | 百二十宿 | 七十五靡 |
|---|---|---|
| | | 一三　香精山 |
| 48　持金剛降菩薩の嶺（金剛手院） | 二一　隠地宿 | 一四　蘭池 |
| 49　金剛拳菩薩の嶺（同） | 二二　林宿 | |
| 50　忿怒《ふんぬ》月猒菩薩の嶺（同） | 二三　星宿 | |
| | 二四　霧《きり》宿 | |
| 51　不動尊菩薩の嶺（持明院） | ＊（不動尊宿） | |
| 52　聖三世菩薩の嶺（同） | （成智宿） | |
| 53　般若菩薩波羅蜜の嶺（同） | （風越宿） | |
| 54　大威徳明王の嶺（同） | | |
| 55　降三世金剛菩薩の嶺（同） | （吹覆宿） | 一五　東巌窟 |
| 56　忍波羅蜜菩薩の嶺（虚空蔵院） | 二五（高座宿） | 一六　桧ケ宿 |
| 57　戒波羅蜜菩薩の嶺（同） | 二六（行道《ユキチ》宿） | 一七　四阿宿 |
| 58　檀波羅蜜菩薩の嶺（同） | 二七（八里宿） | |
| 59　発意転輪菩薩の嶺（同） | 二八（苔匐輪宿） | 一八　仙ケ岳 |

たちであるということが注目される。

また、持明院の51「不動尊菩薩の嶺」から55「降三世金剛菩薩の嶺」までの五つの嶺には、蓮華部院の嶺と同じように宿所がなく、消え去ったのか。

次に、修行者とそれぞれの菩薩の嶺を示しておく。

48「持金剛降菩薩の嶺」には、延喜二十一年（九二一）十月、石崎聖人が敦仁《あつひと》天皇（醍醐天皇、在位八九七～九三〇）のお使いとして法花経八部を安置された。

49「金剛拳菩薩の嶺」には、天徳四年（九六〇）五月一日、心空聖人が成明《なりあきら》天皇（村上天皇、在位九四六～九六七）のお使いとして如意輪七寸御仏、舎利三粒、法花経を安置された。

50「忿怒《ふんぬ》月獣《がってん》菩薩の嶺」には、聖宝聖人が三部経、止観を安置された。聖宝はまた、53「般若菩薩波羅蜜の嶺」に醍醐天皇自筆の法花経を安置された。

次に、持明院から虚空蔵院の嶺について示しておく（安置仏は二一〇頁参照）。

51　不動尊菩薩の嶺　長訓　法相宗の人、仁寿三年（八五三）僧正
国王の使いとして蘇悉地陀羅尼経・五寸不動尊を安置

52　聖三世菩薩の嶺　護命　法相宗、天長四年（八二七）僧正、五大尊を造仏安置

53　般若菩薩波羅蜜の嶺　良弁・聖宝　真言宗、延喜六年（九〇六）正僧正

54　大威徳明王の嶺　護命

55　降三世金剛菩薩の嶺　泰景　律宗か、承和十年（八四三）僧正

56　忍波羅蜜菩薩の嶺　豊安　律宗、承和八年（八四一）僧正

57　戒波羅蜜菩薩の嶺　　延禅　　伝未詳、法相宗の延祥か
58　檀波羅蜜菩薩の嶺　　智蔵　　異国の人、戒常、帝の子の御経

ここで、護命についてはすでに述べた（一〇二頁）が、泰景という人物については詳しいことはわかっていない。

僧綱補任第一、承和二年（八三五）条に、小僧都豊安にならんで泰景が見え、「同日（三月十一日）任。東大寺。修行者。尾張国人」の註記があり、以下同十年十一月九日に僧正となっている。豊安は、「律宗。唐招提寺。参河国人、弘仁七年（八一六）律師。承和二年（八三五）三月十一日に大僧都、同七年九月十三日入滅、同八年贈僧正」となった。

延禅は、伝未詳である。おそらく近江出身で、法相宗の僧に護命の弟子の延祥がいる。「元亨釈書」巻三に略伝が見え、仁寿元年（八五一）に僧正に任ぜられ、同三年に八十五歳で寂と記している。あるいは延禅は、この延祥の誤写かとも考えられる。

智蔵は、異国の人、三論宗の僧で、三論を嘉祥に学び、来日して法隆寺に住んでいた。天武二年（六七三）、大和の川原寺ではじめて一切経書写の事があり、同年僧正となる。58「檀波羅密菩薩の嶺」に仏像を安置したというのは、時代的には不一致であって、おそらく別人か、それとも名を仮託したようにも思われる。

これらの嶺にも、かなりの間、修行が途絶えた時期があったようである。一時期、南都の僧たちが修行したこれらの多く嶺も、その後、百二十宿を経て七十五靡の頃には、まったく霊所としては消え去っている。しかも、嶺と宿所を比定することができても、おおよその位置さえ地図上に書き入れることができないのが残念である。

なお、持明院の嶺はすべて消え去って不動尊菩薩の嶺の位置も不明であるが、「大峯縁起」(7)には、蟻ノ戸渡りの西に古屋宿あり、不動石屋というとある。

仙洞のある苔匐輪宿の辺りから奥は、まだまだ踏み入ることもできない未踏の地で、おそらく難行が予想され、多くの修行者は嶺を降り、池峯宿辺りから熊野本宮の方へと還ったのかもしれない。

ところで、「峯宿史料」には、最多の百四宿が書きとめてあり、他の記録より二十四宿も多い。貴重な文書とされているが、あまりにも宿所が多いようである。

56「忍波羅蜜菩薩の嶺」、57「戒波羅蜜菩薩の嶺」の辺り、高座宿と行道宿との間には二十四宿が集中している(六六頁)。この嶺の間には、それだけ多くの宿所が必要であろうか。

ここでは、高座宿を仙洞と云うとしているが、仙洞は、すでに百二十宿では二八「苔匐輪宿」、仙ケ岳となっているはずである。この「峯宿之次第」にある、高座宿を仙洞とした辺りから苔匐輪宿を羅財菩薩ノタケとしている辺りまでの宿の行程には、すでに述べてきた順路と矛盾したり、不明の箇所が多く、直ちにその行程にしたがうことに迷いをおぼえる。しかも、不思議なことがわかってきた。同じ宿ではないかと思われるのが次々にあるので、あるいは重複ではないかと考えられた。古文書の原文は見ることができないので、全くの推測ではあるが次のようである。

「林宿　平正地宿　星宿　千地《チチ》宿　山殺《ヤコノ》宿　霞《カスミ》（霧《キリ》？）(8)宿　高座宿　夜恋《ヤコヒ》宿」

これから十八宿を過ぎて、次の宿が出てくる。

「林原宿　古星宿　山穀宿　高坂宿　行道宿　八里宿」

あまりにも類似している。また「夜恋宿　陀無我菩薩云ウ」というのは、音による当て字であって八里宿と同一の可能性がある。これは、八里宿は58「檀波羅蜜《だんはらみつ》菩薩の嶺」にあたるので、陀無我《だんが》菩薩は檀波羅蜜菩薩とすると、夜恋宿は八里宿ではないだろうか。この間は、今までの百二十宿の道順では、林宿・星宿・霧宿・高座宿・行道宿および八重宿の六宿である。

さらに不思議なのは、開敷花王如来の嶺が二分されている。ここは古屋宿で、「峯宿之次第」では、「搵（没の意）小尾宿、花王如来タケ、フルヤ」として、別に「桔衝宿《ミスヨノフルヤ》、開敷花、ロウノタケヨコミネ迷所之」として、共にフルヤとしている。さらに、若匐輪宿は無垢勢菩薩の宿としているのに、別に「戸間《トアヒ》、ムクセイホサツタケ、平地云」というのがある。苔　匐輪《タイセムフクリン》宿の次が若匐輪《シャフクリン》宿となっているが、これは苔匐輪《セムフクリン》宿と同宿ではないかと思う。

しかもこれらの中間の宿所は、嶺について不明の岳《たけ》が書かれているのがあり、その位置をほとんど確かめることができない。しかし、これらの宿を過ぎるとまた、もっともらしい順路にもどってくるので、さらに次の嶺へと抖藪《とそう》をつづけることにした。途中、迷路にいたこともあるかもしれない。

なお、この「峯宿之次第」の百二十宿の記録は、修行者一人の記述か、複数の口伝などを集約したものであるか、あるいは途中で巡回するような経路があるなど、記載の順序が果たして正しいかなど、活字の資料では原資料からの見えない情報がつかめない。

また、瑠璃・覚輪宿については、「峯宿之次第」の順路の記載が妥当のように思われることもある。

註

（1）「大菩提山等縁起」『修験道史料集』Ⅱ　一二一頁　名著出版　昭和六十年

（2）「金峰山雑記」『修験道章疏』一　四七一頁　名著出版　昭和六十年

（3）宮家準『修験道』講談社学術文庫　四三頁　講談社　二〇〇一年

（4）宮家準『修験道思想の研究』二八九・二九〇頁　春秋社　昭和六十年

（5）「深仙灌頂系譜」『修験道章疏』三　三一八頁　名著出版　昭和六十年

（6）「玉置山権現縁起」『修験道史料集』Ⅱ　一四八頁　名著出版　昭和六十年

（7）『熊野金峯大峯縁起集』一三八頁　臨川書店　一九九八年

（8）霞《かすみ》宿とあるが、他の百二十宿では、すべて霧《きり》宿とある。

# 第六章　虚空蔵院と金剛手院の嶺々——仙洞から奥の迷路のような宿所

玉置山頂の中台八葉院、毘盧遮那《びるしゃな》・阿弥陀《あみだ》の嶺に参詣した修行者のうちには、験を高め、呪力を求めて山林に入り、さらに玉置山を越えて奥へと踏み込んだ禅師たちがいた。彼らは、樹下瞑《めい》想《そう》の場所、雨来《さみだれ》・瑠璃《るり》・覚輪《かくりん》から知恵宿、さらに奥へと山中を彷徨したのであろう。笠捨山、苔《せん》蔔輪宿《ぷくりん》すなわち仙洞《せんのほら》のあたりから奥にかけては、不思議な宿のある嶺が多い。

玉置山の頂上に立った行者らの中には、遠く北にそびえる香精山《こうしょうざん》（一、一二二メートル）・地蔵ケ岳（一、二五〇メートル）や笠捨山（一、三五二メートル）へと連なる山々を眺めながら、これらの嶺を踏み越えようと志す修行者もいただろう。玉置山から深仙にいたる一帯は、まだ拓《ひら》かれていない森林地帯であった。小篠や大篠が生い茂り、多くの朽葉が幾重にも積もって、容易に人を寄せつけなかった。

その頃、修行者たちは単独よりは二、三人、時には数人が行動を共にしていただろう。しかし、道もない。あるとすれば獣道《けものみち》しかないような大篠の生い茂る中に分け入るのは、方向を確かめる磁石もない当時には、踏み越えて行くことは困難を極めていた。もし、行く手をただすとすれば、太陽であり夜空の星であって、林宿・霧宿・星宿などの名は、それらの状況を示している。

## 禅師の修行、七生の行者

熊野信仰が盛んであった頃から、山伏が玉置山を越えて深仙修行がおこなわれるまでには、かなりの空白の時期があったと思われる。この頃は、おそらく仙洞の周辺までしか踏み込むことができなかったので、修行が終わると北山川か熊野川へ、東西いずれかの方へ降りたと思われる。深仙までの道中には、いくつかの峯辻があるだろう。

峯の尾根を進もうとしても、篠が茂り、大きな風倒木が横たわって、これらの密林を通り抜けることは非常に困難で、ときには方向を見失い、あるいは水も絶えるなど、不安な行程であった。まだ未開の状況で、僅かな同行者だけで奥深く分け入るのは、途方もないことだっただろう。その頃のことと思われる不思議な禅師の記録[1]がある。

熊野村に永興《えいこう》という禅師がいた。一人の禅師が山に居たいと願うので、彼は干飯《ほしいい》の粉を一斗と優婆塞二人を副《そ》えたという。干飯の粉というのは、糯《もちごめ》を炊いた飯を干してから粉にして携帯《けいたい》食料にしたもので、水瓶《すいびょう》一口《いちく》も必需の持ち物であった。こうして山に入って修行していたが、ついに命絶えた。しかし、なおも読経の声はつづいていたという（『日本霊異記』）。

山に住んで、座禅をしつづけていたのである。こうした修行者たちは玉置山へ、さらに奥へと仙居修行の場所を求めて入っていったのであろう。

また、「第十三　紀伊国宍背山《ししがせやま》に法華経を誦する死骸《しにかばね》」（『大日本国法華経験記』巻上）には、こんな話もある。

沙門壱睿《いちえい》が熊野の山中で泊まった夜に、法華経を唱える声がして、その声は聞いていると骨髄にもしみわたるようであった。明朝見ると死骸の骨があったが、身体は全く連って分散せず、青苔が身にまといつき、多くの年月を経ていた。髑髏《ひとがしら》を見ると、口の中に赤く鮮かな舌があり、全く損していなかった。壱睿はこれを見て礼拝し、感悦に堪えなかった。

その夜、法華経を唱え終わった夜明け頃、壱睿が死骸に向かい、本縁を聞かせてほしいと願ったところ、霊《りょう》は天台山の東塔の円善という住僧であったが、修行の間、ここにたどりついて死去した。しかし、生前に六万部の法華経を転読するという願いをたてていたが、生存中に半分は誦し終えたが、残りを読むためになおここに住んでいる。残りは少なく必ず満願するので、今年ばかりはこの処に住んでいる。その後には都率の内院（弥勒菩薩の浄土）に生るべし。慈尊《じそん》に値遇《ちぐう》して引導摂取《いんどうせっしゅ》せらるるべしといわれた。

壱睿は、骸骨を礼拝して熊野に詣でた。後に、骸骨を尋ねたが行方はわからなかった。随喜の涙を勝《た》えがたしという。

このように、熊野山中に籠もって修行した法華の験者も多かったのだろう。

空海の弟の真雅《しんが》僧正（八〇一～八七九）は、承和十四年（八四七）に東大寺の別当職にあったが、彼の日記に大峯の修行者のことを書き記している。奥駈《おくがけ》の先駆者とも考えられる七生の行者たちの話で、端政曰くとして次のように書いている(2)。

端政は、壬子《みずのえね》の歳、正月に大峯に入って、菩提をとる聖人や行者などの日記を書きはじめた。初生すなわち第一生の西空聖人は、入峯した年に命が終わり給うた。大和国茅原の里人である。八曼荼羅法、孔雀明王呪、また般若心経を読誦し給い、菩提を取り、修行をされた御人である。大火舎（石屋あり）に居給うた。順峯の土小尾《トノコオ》（古屋辺りか？）(3)そばで終わられた。

第二生の院誠行者は、地黄人（大和人の傍注あり）で、吹越の峯で金剛童子を顕し給うた。十月に入滅し給うた。尺二寸の磬《けい》（音を出す仏具）安置の所、行道下そばにあり。深山行道、前左方に一丁ばかり入る。有り難い地である。

第三生の尊隆行者、大和国広瀬の人である。略…。水飲の峯で命終わり給いて、骸骨は神福寺の峯に納め置きたり。同行阿聖聖人、申歳七月七日、骨三個捻り取る。

第四生の西雲聖人(4)は、奈良人である。丙寅年五月二日に先生の骸骨七寸の三個捻りきる。同行の阿聖聖人は河内国人、石川御生の同行であった。西雲の骨を三所に安置し給う、その三所というのは、一所は東屋峯、二所は仙洞、第三所は辻峯である。

第五生は政興行者、金剛童子を顕し了る。平地宿より池峯に下る峯辻である。深山の南の瀧の石屋で住生と云々。存世時、修行する所、孔雀明王呪、孔雀経読誦する所なり。

政興、改めて願行と云う。丙戌年八月に命終わる。

第六生は役行者、行の度に金剛蔵王がご身体を行い顕わす。吉野川原の下の御所である。

なお、願行は、役行者の伯父の弟なり。寅の日に修行にいる。すなわち願行なり。熊野山参詣の先達を伝え始む（『諸山縁起』第二項）。

このようなふしぎな記録がある。

宮家準氏は、この話の意味することを考え、役行者よりも昔の山人的な修験者がいたことを示すと解されているようである(5)。また、こうした伝承は当時、深仙・前鬼あたりで活躍した修験者とその修行を示すものと考えられようという(6)。おそらくこの話は、当時の修行者の状況を元にして、七生の聖者の話に模したもので、行者たちは実在したと思われる。

『箕面寺秘密縁起』には、第六生は延能行者、第七生を役行者、大和茅原の人なりとあり、七生の教義として整えられている。この時代には、同行者と山に入り命絶えた行者もいたと思われる。

これらは、何時の時代であるかということになるが、おそらく壬子の歳というのは、西暦八三二年（天長九年）・八九二年（寛平四年）・九五一年（天暦九年）のうち、いずれかであろうか、真実、真雅が記したとすると天長九年が考えられるが、順峯の奥駈というのがまだ確立してない頃のことで、宿所も、東屋、仙洞、池峯や神福寺が見られ、かなり後のことであろう。

ところでこれらの修行者は、吹越峠を越え水呑を過ぎ、玉置からさらに奥の仙洞を目指して登ってきたが、途中で倒れ、骸骨の一部を仙洞に納めた。そしてまた、池峯に下っている。

この頃の修行は、おそらく玉置山に参詣してから十津川の折立《おりたて》辺りへ下るか、あるいは東屋から仙洞辺りで行をして、途中から葛川あるいは池峯へ降りたように考えられる。これから奥には難行が予想され、当時としては、この辺りまでが踏み越えられる限界であっただろう。

その頃、次第に奥へと怒田宿あるいは平地宿の辺りまで踏む込む者もいたかもしれないが、かなりの期間は、大峯への入峯も絶え絶えであったようである。

## 大峯中興の祖、聖宝の奥駈

やがて延喜七年（九〇七）、宇多法皇の熊野御幸《ごこう》にはじまり、さらに花山法皇の寛和二年（九八六）ないし翌永延元年（九八七）の熊野御幸に随行した僧たちのうちには、仙洞を越えて抖藪《とそう》をはじめようとする者も現れていた。

ふたたび修行者が熊野へ訪れ、仙洞から奥へと抖藪がはじまってくる。

宇多法皇が、金峯山に昌泰三年（九〇〇）に御幸され、また延喜七年（九〇七）には熊野御幸が行われた。法皇はそれより前に、金の薬師仏を阿闍梨惟首に命じて玉置山の途中の辻峯に寄進されていた。

その頃、真雅僧正の弟子であった聖宝（八三二～九〇七）も、金峯や熊野へ修行の足をのばしていた。彼は、50「忿怒《ふんぬ》月猒《がってん》菩薩の嶺」に、三部経と摩化止観等を安置したが、さらに53「般若菩薩波羅蜜の嶺」には、延喜の聖主と仰がれた醍醐天皇の使者として、天皇自筆の法華経を安置された。「熊野年代記」を見ると、聖宝については次のような記録がある。

元慶五年（八八一）八月聖宝熊岳窟峯の神倉において一七日昼夜修法苦行。

寛平五年（八九三）聖宝熊野参詣の砌、庵主《いほぬし》行徳内を伴い金峯山に赴き、勅宣に依って云々。

延喜二年（九〇二）聖宝上人熊野奥に入り蛇を斬り池を祭る。上人は神倉に三日夜籠もる。

聖宝が吉野川に渡船場を設けたり、また金峯山に御堂を建てて如意輪観音・多聞天王・金剛蔵王菩薩像などを祀ったのは、この頃のことである。聖宝は寛平二年（八九〇）、師の真雅の後を受けて貞観寺の座主になり、さらに同八年（八九六）には東寺の別当になった。

聖宝は、真雅、真然の系統を継いで、さらに役行者の遺風を慕って真言系の修験道を起こしたとされる。大峯には、その遺跡とされる地点や伝承逸話が遺されている。

聖宝は、平地宿を通るときに大蛇がいたので、脇に秤をおいて縄をつけ人に引かせると、僧正は重かったが、大蛇は軽かったという（「大峯縁起」[7]）。聖宝が、稚児泊の近くにある七ツ池や弥山・平地の宿などで大蛇を封じこめたところと伝えている。

しかし、聖宝の大蛇退治などの神話は、室町時代の末頃に鳳閣寺を拠点とした修験者たちが、聖宝の大峯山中興の伝承と結びつけて作りあげたとも思われている(8)。

## 笠捨山、発意転輪菩薩の嶺の仙洞から篠宿へ

苔匐輪宿すなわち仙洞から池峯宿の間には、十余の嶺がある。これは、七十五靡の一八「仙ヶ岳」と一九「行仙岳」の間であるが、如何に多くの嶺があるか注目される。

| 胎蔵界の嶺 | 百二十宿所 | 七十五靡 |
|---|---|---|
| 59 発意転輪菩薩の嶺（虚空蔵院） | 二八 苔匐輪宿 | 一八 仙ケ岳 |
| 60 無垢遊菩薩の嶺（同） | （若匐輪宿） | |
| 61 蘇波胡菩薩の嶺（同） | （野付宿） | |
| 62 方便波羅蜜菩薩の嶺（同） | 二九 雨来宿 | |
| 63 願波羅蜜菩薩の峯（同） | 三〇 瑠璃宿 | |
| 64 力波羅蜜菩薩の嶺（同） | 三二 寄日宿 | |
| | 三一 覚輪宿 | |
| 65 智波羅蜜菩薩の嶺（同） | （八里宿） | |

| | | |
|---|---|---|
| 66 一百八臂金剛蔵王菩薩の嶺（同） | | |
| 67 住無戯論菩薩嶺（金剛手院） | （雨来宿） | |
| 68 持金剛菩薩の嶺（同） | 三三 五胡宿 | |
| 69 持妙金剛菩薩の嶺（同） | 三四 塔印宿 | 一九 行仙岳 |
| 70 金剛持菩薩の嶺（同） | 三五 知恵宿 | 二〇 怒田宿 |
| 71 離戯論菩薩の嶺（同） | 三六 池峯宿 | |
| 72 虚空無遍超越菩薩の嶺（同） | 三七 三胡宿 今平地 | 二一 平地宿 |
| 73 忿怒持金剛菩薩の嶺（同） | 三八 多宝宿 今持経宿 | 二二 持経宿 |
| 74 金剛鈎母菩薩の嶺（同） | 三九 箱宿 今篠 | 二三 篠宿 |
| 75 発生金剛部菩薩の嶺（同） | 四〇 朴宿（如来） | 二四 拝み返し |

（ ）は「峯宿之次第」

これから先には、まだまだ遠く険しい嶺々がある。これらの嶺の多くは虚空蔵院の内であるが、その位置はほとんどわからない。仙ケ岳と行仙岳との間に、その遺跡らしいところでもあるのだろうか。

その間の宿には誰がつけたのか、高座から瑠璃・覚輪・寄日・五胡・塔印・知恵宿と他に比べて格調高く仏縁のある名がつけられている。籠山修行した僧たちが名付けたのだろうか。また、仙洞や仙ケ岳、行仙岳、深仙というように仙人に因んだ名称にも惹《ひ》かれる。

これらの嶺に登って寄進し、修行した僧侶たちは次のようである。

| | | | | |
|---|---|---|---|---|
| 59 | 発意転輪菩薩の嶺 | 寛空 | 納経 | 康保元年（九六四）僧正 |
| 60 | 無垢遊菩薩の嶺 | 真義 | 如法法花経と白檀の釈迦像 | 正暦二年（九九一）僧正 |
| 61 | 蘇波胡菩薩の嶺 | 尋禅 | 帝皇の御使、金薬師七寸 | 寛和元年（九八五）天台座主 |
| 62 | 方便波羅蜜菩薩の嶺 | 観條（修） | 如意輪像銅躰五寸 | 長徳三年（九九七）園城寺長吏 |
| 63 | 願波羅蜜菩薩の嶺 | 寛朝 | 曼陀羅二鋪、使は音原聖人 | 天元四年（九八一）僧正 |
| 64 | 力波羅蜜菩薩の嶺 | 増命 | 普賢菩薩・延命の木造七寸 | 延長元年（九二三）僧正 |
| 65 | 智波羅蜜菩薩の嶺 | 延昌 | 持経を石上聖人に付 | 天徳二年（九五八）僧正 |

これらの嶺に金剛手院の嶺が連なっている。66「一百八臂金剛蔵王菩薩の嶺」辺りから仏生土石や石屋、また滝があるなど、その状況は全く異なるので（七四頁）、虚空蔵院の嶺から離れた地域ではないかと想像される。しかし、笠捨山から行仙岳の間にも、谷に下れば滝もあり、また北山一揆で総大将のひとりであった前鬼の末裔五鬼継が隠れていた洞窟「継窟」もあり、この窟では明治の頃、林実利《じつかが》行者が籠もって修行したという。

宮家準氏は、66「一百八臂金剛蔵王菩薩の嶺」から73「忿怒持金剛菩薩の嶺」のあたりに注目し、これらの場所は、洞窟や滝に恵まれた霊地で、仏生土があるとされていること、その滝を三重の滝と呼んでいるところからすると、現在の前鬼の三重滝あたりと考えることができようと

いう。(9)

これらの虚空蔵院の嶺は、百二十宿の順路にしたがうと、二八「苔匐輪宿」から三五「知恵宿」の中間に位置することになる。しかし、どのような順路をたどっているのか、全く宿の位置をうかがうことができない。覚輪宿の位置についても、四〇「朴宿」の次の四一「小篠宿」を、又覚輪（五五頁）としているので、当時すでに不確かであったのだろうか。

その後、これらの多くの嶺は集約されて、表に示すように百二十宿から七十五靡になると、宿の頃の霊所に相当する靡はまったくない。

66 一百八臂金剛蔵王菩薩の嶺　役行者　如法法花経

67 住無戯論菩薩の嶺　行者本尊御座す

68 持金剛菩薩の嶺　不明　阿閦仏三寸の躰

69 持妙金剛菩薩の嶺　明豪　経筺あるも経なし。長保三年（一〇〇一）僧正

70 金剛持菩薩の嶺　明真聖人（未詳）如法経

71 離戯論菩薩の嶺　永西聖人（未詳）仏具・法花経

72 虚空無遍超越菩薩の嶺　行者の御経

73 忿怒持金剛菩薩の嶺　菊南　国王の御本尊、千手観音三寸躰

74「金剛鈎母菩薩の嶺」は、「峯宿史料」は「少篠宿」としている。また、百二十宿では、「箱

宿、今篠」となっているが、「峯宿史料」では、箱宿を金剛拳菩薩の嶺とし、また林原宿も「金剛拳タケ、今ササ」としている。ここでは、「箱宿、少篠宿」とみなした。石山式部（未詳）が使者となって、金泥心経千巻ならびに白檀釈迦七寸躰を納めている。
75「発生金剛部菩薩の嶺」は朴宿辺りと思われ、西願聖人（未詳）が薬師仏三尊を安置している。

ところで、これらの納経あるいは仏像を寄進した僧たちの中で、役行者のことだけが二百余年もさかのぼることになり、伝承によるのであろう、行者の本尊ましますとある。

おそらくこの辺り一帯は、霊験灼《あらた》かな霊所で、多くの修行者が訪れ修行した場所が多かったのだろう。

これら寛空・真義・尋禅・観條・寛朝・延昌・明豪の修行僧について簡略に述べておこう。

寛空は、59「発意転輪菩薩の嶺」すなわち仙ケ岳に納経しているが、かなり後のことになる。彼は真言宗の僧で、はじめ宇多法皇の侍童。十九歳で白雲寺の神日のもとで出家し、延喜十八年（九一八）宇多法皇から伝法灌頂を受け、また観賢からも灌頂を受けた。孔雀経法・不動法等を行じて験の著しいものがあった。康保元年（九六四）に僧正となる。

真義は伊勢の人で、興福寺の空晴に法相を学んだ。紀州の那智山に詣でたことがある。天延三年（九七五）に維摩講師、正暦二年（九九一）に僧正となる。

尋禅は藤原師輔の第十子、延暦寺良源の弟子で、天徳二年（九五八）に得度し、受戒している。

寛和元年（九八五）に天台座主となる。晩年飯室に隠遁《いんとん》したが、顕密を通じて当代随一の験者として崇められたという。諡号は慈忍。

観條（観修）は天台僧で、長徳三年（九九七）に園城寺の長吏になる。長保二年（一〇〇〇）、藤原道長の病気の平癒を祈り功があったとして僧正に任ぜられた。

寛朝は真言の人で、寛和二年（九八六）に大僧正となる。

延昌は加賀の人で、天慶九年（九四六）に天台座主、天徳二年（九五八）に僧正となる。

明豪は天台僧で、長保三年（一〇〇一）に僧正、同四年に大僧正となる。69「時妙金剛菩薩の嶺」にて、宰相君を見顕したという。


この時代のことである。金岳から奥駈して、大峯を越え熊野に抜けた話があり、すでに逆峯を達成したという山伏がいたようである。

『蜻蛉日記』(10)の中巻には、藤原道綱の母と尚侍《ないしのかみ》との歌問答が、見舞に来た親族との語らいの中にある。

ある修行者、御岳より熊野へ、大峰どほりに越えけるがことなるべし、
外山だにかかりけるをと白雲の　深きこころを知るも知らぬも
とて、落としけり。

と記してある。この話を聞いたのは、天禄元年（九七〇）のことである。大峯奥駈を達成したと

いうのは、間接ながらもこれはかなり古い記録になるのではなかろうか。

おそらく、この修行者というのは尋禅か、それとも天台僧箕面寺の菊南のことだろうか。

尋禅は、89「対面護門の嶺（文殊院）」に陽証仙人の持経を安置したが（一六六頁）、ここは金峯から弥山への途中の講婆世宿、逆峯のルートをたどり吉野から登ってきたのだろう。また、尋禅は円融天皇の御使として、天禄四年（九七三）に61「蘇波胡菩薩嶺」に、金薬師七寸の御仏を安置し納めている。

## 三胡宿は今の平地宿か前鬼三重滝か

「峯宿之次第」には、「三胡宿、コクソチユヘチホサツノタケ、三重ノ滝アリ」と書いてある。これは72「虚空無遍超越菩薩の嶺」のことである。しかし、「金峯山本縁起」には、三胡宿、今平地となっている。したがって、ここに三重の滝があるということになる。平地宿には、滝はない。三胡宿は、二一番の靡の平地宿か、それとも前鬼の三重滝の場所かということになる。もしも百二十宿にある宿の順路にしたがうならば、平地宿にたどりつく。

そこで、三胡宿は平地宿あるいは虚空無遍超越菩薩の嶺、三重滝であるのか、改めて考えてみたい。表（一四七頁）に見られるように、三重滝が前鬼宿とともに行所として記録されているのは、七十五靡という修行路ができてからで、百二十宿の時代にはまだ宿所にもなっていない。

「諸山縁起」に、「大菩提山仏生土要の事」として胎蔵界の多くの嶺がつけられた頃には、おそらくまだ三重滝のある奥までは踏み込んでいなかったのではなかろうか。禅洞が胎蔵界の72「虚空無遍超越菩薩の嶺」の霊感を得て、仁宗が書き留めた頃には、奥深い前鬼の三重の滝はまだ誰にも知られてはいなかった。大峯奥駈が開通したころに、ようやく修行の場になっていたのだろう。

「諸山縁起」には、72「虚空無遍超越菩薩の嶺」に「三重の滝あり」につづいて、73「忿怒持金剛菩薩の嶺」には、「滝の上に千手観音三寸の躰御座す。国王の御本尊なり。菊南五度」とあ

前鬼の三重滝（靡28）
（『和州吉野郡名山図志』）

る。三重の滝につづいて千手滝があり、千手菩薩が祀られるなど追記されていることは、多分に実状に一致しているから、菊南らの頃にはすでにこのようになっていたのだろう。

円融天皇の頃、菊南は箕面寺の天台僧で、すでに五度も大峯に来ている。彼は、北野三位（永祚元年、九八九没）の頃の人である。

北野三位というのは藤原遠度か。遠度は藤原師輔の子である。『蜻蛉日記』に登場する人物で、寛和三年（九八七）、従三位、右馬頭播磨守・春宮亮・左兵衛督。永祚元年（九八九）没。北野三位と号した。信仰篤く、菊南を4「水天の嶺」に、また西雲聖人を77「大勇猛菩薩の嶺」に遣わしている。

おそらく三重の滝が前鬼行場となってから、後になって三重の滝ありと「虚空無遍超越菩薩の嶺」に追記が行われたと考えざるを得ない。説明は、「諸山縁起」から引用したのである。

あるいはまた、このように口伝を受けていたのか。一時期、すでに山伏たちにも知る人がなくなり、五胡宿や塔印宿を越えた修行者たちが、虚空無遍超越菩薩の嶺や念怒持金剛菩薩の嶺を、おそらく三胡宿や多宝宿と思っていたのかもしれない。

いずれにしても、三胡宿は今平地宿とする「金峯山本縁起」と、72「虚空無遍超越菩薩の嶺」に三重滝ありとし三胡宿としている「峯宿之次第」とは明らかに矛盾している。

西行は、三重の滝で、心身を浄められ感激して歌を詠んでいる。しかし、胎蔵界の嶺に前鬼宿の在りかを見い出すことはできない。虚空無辺超越菩薩の嶺に三重の滝の流れを見つけることはできないのである。その頃、まだ前鬼の宿は存在していなかっただろう。

前鬼五鬼が宿所を設け、修行者の案内をし奉仕活動をするのは、かなり後のことと考えられる。寛正六年（一四六五）七月二十三日、一人の沙門が山上ケ岳に近い小篠の宿で珍しい文書を眼にし、抜き書き清書した「蒼笹秘要録」(11)には、次のような不審なことが書いてある。

一、禅鬼事。二人外之無シ。男子一人女子一人。生マレテ夫婦ト相成リテ相続ク。又彼ノ住所山伏之ヲ知ラズ。

禅鬼とあるから「前鬼」に関係ある記録で、ここには夫婦の他には人はいない。山伏でさえ何処に住んでいるか知らないという。

深仙に近い前鬼の里に住みついていたが、当初は三重の瀧の行場に近いところだったらしい。修行者の案内や道の修理などのほかにも、食糧の世話をするようになった。

熊野から大峯修行が盛んになって、案内や食糧などの要望が高まるにしたがって、住人が次第に増えて、三十数戸にも増えてしまった。ついには修行者の案内などをめぐって争い、修行者にも迷惑さえかけるようになった。

延徳二年（一四九〇）、ついに大騒ぎが起きた。これが熊野三山検校の耳に入って、きついとがめをうけている。

「熊野山検校聖護院門跡掟書《おきて》（写）(12)」が遺されている。これには、三重の滝行場の近く居を占めていた住人の五鬼を三重輩と称して、次のような内容の掟を申し渡されている。

「三重輩《みかさねのやから》は、鬼継・鬼太夫・鬼蒸・鬼熊・鬼童の外には、決して他人を相加えるべからざる事。右の定め条々に違反する者は、相当道者をして頭巾《ときん》を永久に徹却させ、五鬼の輩には堅く御成敗があるものとする。延徳二年閏《うるう》八月上旬記」として、時の検校、法務准三宮大僧正道興聖護院の判がある。

こうして、聖護院門跡が先住の五鬼輩に対して有利な決裁を与えたので、深仙の宿や三重行場、また釈迦ヶ岳の管理をするようになった。

その前鬼五鬼として早くからの存在を示すのは、やはり別に熊野側にある。熊野には長床宿老五流[9]がある。長床というのは宿老の異名で、山伏が修行のために止住の室を床《とこ》といい、長いのを長床といい、床の長《おさ》という意味である。大峯五鬼は、使役のためにそれぞれ五流に配されていた。五流との関係は「定《さだめ》」として、鬼継は尊滝院、鬼上は建徳院、鬼助は伝法院、鬼熊は報恩院、鬼童は太法院となっている（「長床縁由興廃伝」[13]）。

「前鬼村村史」[14]によると、前鬼は熊野別当の道誉（一〇三二〜一一一六）が後白河法皇の熊野御幸の折に奉仕したと伝えられている。実際に村として五鬼が定住するようになるのは、良瑜（一三三〇〜一三三九）が熊野別当の時代のようで、かなり後のことである。

前鬼住人の争いが起き、五鬼以外の者は聖護院門跡から延徳二年（一四九〇）に追放されたが、次第に前鬼の五鬼は奥駈の案内者として、深い学識とでもいうべき山の知識などが山伏たちによっても高く評価されるようになった[15]。そして今に至るまで、前鬼五鬼としてその伝統を護ってきたのであった。

これらの胎蔵界の嶺に寄進された年代を見ればわかるように、時代はすでに十世紀の中頃から十一世紀に入る頃になっている。この時期は、熊野修験道の発達の過程においても重要な時代であったと考えられている[16]。

## 註

（1）『日本霊異記』日本古典文学大系　三一七頁　岩波書店　昭和四十二年

（2）「大菩提山等縁起」五来重編『修験道史料集』Ⅱ　一二六頁　名著出版　昭和六十年

（3）土小尾は、トノコオとカナ付けされている。「峯宿之次第」に「搵小尾」とあるが（一一二頁参照）、同一の地点ではないだろうか。ツチコオとオチコオと解して、おそらく凹んだような場所であったのではないだろうか。これが、また古屋と変じたのかもしれない。
また、（「大峯縁起」）には、役行者の六生中の一生の塚があると、次のように記録されている。「一、深山ノ西谷へ下ルニ左手ニ塚之有リ、行者ノ六生中ノ一生ノ塚ナリ」とあり、これは、一生の西空聖人のことだろうか。

（4）なお、北野三位の大勇猛菩薩の嶺に使いした西雲聖人という人物がいる。別人であろうか。

（5）宮家準『大峰修験道の研究』四一二頁　佼成出版社　昭和六十三年

(6) 宮家準『修験道』五〇頁　講談社学術文庫　二〇〇一年
(7)『熊野金峯大峯縁起集』一三六頁　臨川書店　一九九八年
(8) 宮家準『大峯山修験道の研究』二六九頁　佼成出版社　昭和六十三年
(9) 宮家準『修験道思想の研究』二九〇頁　春秋社　昭和六十年
(10)『蜻蛉日記』一三〇・一三二頁　小学館　昭和六十年
(11)「蒼笹秘要録」『修験道章疏』二　五八二頁　名著出版　昭和六十年
(12) 宮家準『大峯山修験道の研究』四四四頁　佼成出版社　昭和六十三年
(13)「長床縁由興廃伝」五来重編『修験道史料集』Ⅱ　西日本編　三八七頁　名著出版　昭和六十年
(14)「前鬼村村史」『下北山村史』一〇二八頁　奈良県吉野郡下北山村役場　昭和四十八年
(15)「大峯修行灌頂式」第五「禅鬼事」『修験道章疏』二　五六頁　名著出版　昭和六十年
白雲高嶮之別境ヲ望メバ、宛モ孤舟ノ大洋ニ浮イテ棹サス如シ。此ノ時ニ当タル者ハ、誰ノ力ヲカ憑《つ》カンヤ。爰ニ曩祖《のうそ》行者大慈大悲之誓願ヲ発シ、当道当峰抖藪ヲ開キ之ヲ刻ミ、後昆《こうこん》（子孫）之我等ヲ哀レミテ二鬼ヲ咒縛シテ三重ニ居ラシム。其子孫ココニ今相継ギテ峰中之博士トナル。或イハ順逆之先達ニ相従イ、前仏之定室ニ導ク。水木之行人随逐シテ古仙之秘窟ヲ示ス。或イハ奇巖奇木之珍菓。或イハ不老不死之妙薬等。法器ヲ見、後葉ヲ鑒《かんが》ミ授施スベシ。行者之脇士護法之専使トイウコトヲ識ルベシ。永正九年（一五一二）九月三日　先達両峯之行人　猷助記之
(16) 豊島修『熊野信仰と修験道』四六頁　名著出版　一九九〇年

# 第七章　中台八葉院の深仙へ――大峯通過の二人の沙門

熊野から中台八葉院の玉置山に詣でてから、多くの迷路のような宿をたずねつつ、ようやく怒田宿・平地宿へとたどりついた。これより先はさらに険しく、行く手をはばむ大篠の生い茂る密林地帯である。しかし、はるかにそびえる釈迦ケ岳、深仙には、どこから登ってきたのか、すでに聖たちがたどりついていた。深仙は山伏たちの灌頂儀式が行われ、大峯修行の聖地とされるが、ここ深仙も玉置山と同じ中台八葉院であった。

この頃であろうか、熊野から大峯を越えたという二人の沙門の話も流れてきた。

●

熊野を訪ねる修行者のうちには、玉置山から奥の四阿宿《あずまや》を経て仙洞《せんのほら》を目指す人もいた。奥へと踏み込むと、古くは知恵宿と呼ばれていた怒田宿があり、さらに奥には平地宿すなわち三胡宿があった。しかし、この辺りから奥には、大小の篠が生い茂る密林地帯であった。深仙、大日岳と連なる南奥駈《みなみおくがけ》の奥守・子守岳から前鬼の辺りも、まだ修行路としては充分に拓《ひら》けてはいなかったと思われる。近年においても通行が困難な地帯であったことは、先に述べたように確かである。

ところが、玉置山修行が盛んな頃、信仰の篤い文徳天皇・清和天皇は、すでに奥の中台八葉院の深仙に使者を派遣して納経を行われていた。深仙には普賢・弥勒菩薩、宝幢如来が祀られ、大峯には玉置山とともに中台八葉院の仏様が勢揃いしたのである。

使者の聖人たちが、どこから登ってきたのだろうか。熊野から深仙に登るには、玉置・仙洞から北へは、おそらく尾根を越えて奥深く分け入ることは不可能に近かったのであろう。

## 第二の中台八葉院、深仙宿

中台八葉院の玉置山までには、多くの嶺があった。しかし、平地宿・持経宿、今篠から小池宿を経て、遠く深仙へとたどりつくのは、やはり通行が非常に困難であった。

熊野から玉置山に参詣した山伏は、登ってきた道を引き返すか葛川に下る。さらに奥の東屋辺りまで登ってから池峯の方へ降りる。あるいは、さらに奥の怒田宿か平地宿から池峯に下ったと思われる。修行者によっては、これから奥の持経宿辺りから笹宿（笹の滝あたりに当初は宿があったらしい）を経て十津川の方へ降りたかもしれない。

| 胎蔵界の嶺 | 百二十宿 | 七十五靡 |
| --- | --- | --- |
| 76 大安楽不空三昧耶菩薩の嶺（遍知院） | 四一 小篠 | 二五 涅槃岳 |
| | | 二六 子守岳 |
| | | 二七 奥守岳 |
| | | 二八 三重滝 |
| | | 二九 前鬼宿 |
| 77 大勇猛菩薩の嶺（同） | 四二 法詮宿 今池 | 三〇 小池宿 |
| | | 三一 千草岳 |
| | | 三二 楚莫岳 |
| | | 三三 聖天の森 |
| | | 三四 千手岳 |
| | | 三五 大日 |
| 78 普賢菩薩の嶺（中台八葉院） | 四三 深田輪宿 | |
| 79 宝幢如来の嶺（同） | 四四 仙行寺宿 | |
| 80 弥勒菩薩の嶺（同） | 四五 戒清仙 今神仙 | 三六 深山 |
| 81 仏眼仏母の嶺（遍知院） | | 三七 都津門 |
| 82 一切如来智印発生菩薩の嶺（同） | | 三八 磊山 |
| | | 三九 三蓋岳 |

深仙への修行者たちはいずれも奥守・子守の篠の密生地域は避けて、東の佐田川岸あたりから、前鬼宿を経て太古の辻あたりから登ったか、あるいは西に流れる熊野川の流域から登ってきたのであろう。

百二十宿の時代には、四一「小篠宿」辺りから四二「法詮宿（小池宿）」を経て、深仙のある嶺に向かったと考えられ、胎蔵界の嶺と百二十宿とは表に示されるようにほぼ対応している。

しかし、時代が変わって七十五靡《なびき》の頃には、前鬼行場や深仙にいたる途中、二四「拝み返し」から三六「深山」の間には新たに多くの行所のある靡が設けられている。

玉置山頂の中台八葉院の嶺に、仁明天皇（八三三～八五〇）によって黄金の大日如来が祀られた同じ頃、深仙にも中台八葉院の普賢・宝幢・弥勒の三菩薩が祀られていた。

仁寿元年（八五一）に文徳天皇（八五〇～八五七）は、石蔵の西高聖人を79「宝幢如来の嶺」に派遣して、法花（華）経十二部を安置させられた。

また、これより手前の78「普賢菩薩の嶺」には、七寸の金の普賢菩薩像、慎寛聖人、伊予介成に付すとなっている。「峯宿之次第」によると、「深田輪宿　普賢菩薩ノ嶺、コノ深山ノ名ナリ」とある。また、「仙行寺宿　宝幢如来ノ嶺、水アマタアリ、戒清仙宿　水二ケ所ニアリ」とある。仙行寺宿の場所は深仙宿辺りである。

80「弥勒菩薩の嶺」は中台八葉院の嶺であるから、やはり今の深仙宿辺りと思われる。増命は天長四年（八二七）に僧正、銅の弥勒九寸の像を忠蓮聖人に託して奉納している。

これら普賢・宝幢・弥勒の三つの嶺は、深仙灌頂儀式が行われ、現在も金精水の涌く深仙宿一帯であったと考えられる。

なお、神仙は深仙とも書かれ、神仙宿は中台八葉院、釈迦牟尼仏の嶺は釈迦院に入る。「証菩提峯縁記」には、神仙は大日岳、深仙は釈迦岳と山崎聖人云と註記がある。

清和天皇（八五八〜八七六）は非常に信仰の篤い天皇で、貞観十六年（八七四）五月には深仙の西の尾にあたる81「仏眼仏母の嶺」に、真元・日縁の両聖人を遣わして、御本尊の新仏、般若経を奉納された。天皇はまた使者を遣わして、10「一髪羅刈王菩薩の嶺」に五大力尊を、16「如飛菩薩の嶺」に千手経を、また28「如来慈護念の嶺」に千乗経、31「白身観世音菩薩の嶺」に法花経を安置させられた。

弥勒座像（釈迦ケ岳釈迦像台座）

　玉置山は大峯胎蔵界の中台八葉院、奥駈の修行の拠点となっていたが、さらに奥の深仙に駈け入った修行者によって、普賢・宝幢・弥勒菩薩が祀られる。これによって、大峯に大日如来を中心にした中台八葉院の全菩薩が揃ったのである。この頃、深仙は中台八葉院の玉置山の分院的な位置を占めることになっていたが、やがって深仙が灌頂儀式が行われる金胎不二の最高の聖地とされるようになる。大峯には、大日如来をはじめとして中台八葉院のすべての菩薩が、玉置山と深仙の二ケ所に別れて鎮座されているのである。

中台八葉院のある深仙は、大峯といわれていた。当時の「大峯修行」というのは、すでに本居宣長が指摘しているとおり行尊の頃と同じように深仙辺りを意味していたので、山上ケ岳は金峯として明らかに区別されていた。当時「大峯」は、このように釈迦・深仙辺りを示す狭義と、広く熊野と金峯との中間域を示す広義があると理解しておきたいと思う。

「大峯縁起」によると、大峯修行の最初の先達は役行者《えんのぎょうじゃ》で、次は比古（彦山）の寿元持経者とされている。役行者につづいて、寿元・珍尊・芳元・黒持経者・助音・長円・先達末代となっている。また、『深仙灌頂系譜』には、役行者の五大弟子、義覚・義元（賢）・義真・寿元・芳元につづいて、助音・黒珍・日代・日円・長円・円珍となっている。ここで大峯修行というのは、深仙を主とする狭義の意味と思われる。

役行者が告訴されて伊豆大島に流罪となり、後に帰国してから唐に渡ったと伝えられる。その後、五大弟子はみな熊野権現に参拝し、大峯修行をしてから熊野権現を勧請して祀ったとある。

さて、多くの修行者が仙洞、金剛手院の嶺々から遍知院の嶺を越えて深仙にたどりつくようになる。やがて、時代は十世紀に入る。

76「大安楽不空三昧耶菩薩の嶺」は百二十宿の四一「小篠宿」で、天台座主良源の御使、両界を送るとあるとあるが、両界曼荼羅のことである。

良源は、近江の人で、康保三年（九六六）天台座主となり、延暦寺の堂塔再建に尽力する。天元元年（九七八）大僧正となり、のちに慈恵大師元三大師と称される。

77「大勇猛菩薩の嶺」は、四二「法詮宿」で、今は池宿とある。理趣経・地蔵十輪経を北野三位の使者として西雲聖人が納めている。

この頃には、天台僧の菊南や尋禅、観修、良源、また真言僧の寛朝らが登ってくる。これらの人物は、すでに西暦の一〇〇〇年前後の人物なのである。

険しい大峯を通って、吉野と熊野を往き来できるとは誰も想像すらできなかっただろうが、この時代になると奥駈の道中の状況がかなり明らかになって、熊野から北の金峯に向かうか、あるいは逆に吉野から大峯に駈け入ろうとする。

当然、金峯山上ケ岳から南へ向かう尋禅や義海のような修行者が現れてくるのも自然のなりゆきである。やがて、深仙から北上して金峯に向かおうと試みる聖人も現れてくる。

## 大峯を越えた二人の沙門

大峯を通って金峯にたどり着いたという噂も流れた。しかし、いずれの話も、途中で迷路に踏み込んで難渋したが、不思議な僧に出会い奇跡的に助けられ、金峯にたどりつく。

その頃、すでに山上ケ岳は金峯山として山上御在所が建立されていた。関白藤原道長は、寛弘四年（一〇〇七）には念願の参詣を果たしていた。験の呪力を求めて修行する山林行者であれば、おそらく熊野から金峯にたどり着きたいと願うのは当然のことであっただろう。

その頃に、大峯を越えた二人の沙門の話がある。

義睿《ぎえい》は、熊野山から大峯に入り金峯山に往きついたという不思議な話が、「大日本国法華経験記(2)」にある。これは、首楞厳経院沙門鎮源による長久之年（一〇四〇〜一〇四四）の作という。

第十一　吉野奥山の持経者某

沙門義睿は、諸《もろもろ》の山を巡行して仏法を修行していた。熊野山から大峰に入り、金峯《みたけ》山に往こうとしていた。その間に、路に迷い、東西もわからぬようになった。法螺貝を吹いて、道を尋ねたけれども、山の嶺に登ることができなかった。

四方の山を見ると、幽谷である。十余日の間、辛苦疲労して、本尊を祈念し、三宝を頂礼して、人間の居るところに辿り着きたいと願っていた。久しい間、迷いながら、平らかな林についた。

一軒の僧房があり、新しく造られ浄潔であった。大変に美しく楽しそうであった。前後の庭も広く、白い砂を敷き詰めたようで、花樹葉林、奇菓異草、処々に生え並んでいた。

義睿は見終わって、心から歓び静坐して休息した。禅室に近づいて見ると、一《ひとり》の聖人がいた。年は僅かに二十歳ばかりであった。威儀具足して、法花経を読んでいた。その声は、深遠《じんおん》にして、琴琵を弾いている調《しらべ》のようであった。

一巻を読み終わって、経を案《つくえ》の上に置くと、その経が空に踊り上がって、自然に軸から表紙に至るまで、巻きもどして紐を結《ゆ》い元のごとく机に置かれた。読み終わって、廻向《えこう》礼拝して、坐を起ち出てきた。

修行の比丘を見て、大いに驚き怪しんで、この処は往古から人が来て到りついたことがないと云った。山中の深山幽谷で、鳥の声すら、なおも希である。まして、人間の来ることなどあろうか。事情を聞きただした。比丘は、具《つぶさ》に答えて云うには、山に迷って来たという。

事情を聞いて、聖客の僧を請うて房の内に入れた。座敷に坐って食事について尋ね、身なりの整えた童子が、美しい食事のお膳を捧げて来た。比丘はいろいろと珍しいことを見て、これを問うてみた。聖人は、この処に住んで幾年になられるのか、どんな事情があって万事相応されていられるのかと問うた。

聖人は、この処に住んで八十余年になる、もともと叡山東塔の三昧座主の弟子であったが、小事に依って呵責《かしゃく》を加え勘当《かんどう》された。愚頑の心によって、たちまち嫌になり辞めてしまい、永く本の山を去って思いのままに流浪していた。若く元気な年頃には、在所を定めずあちらこちらと修行をしていた。老年になって、この山に居所を留めて、最後の時期をむかえようと願っている。

聖人は、客の僧に、早くここから還られるがよいと勧められた。客の僧は、嘆いて、この山に迷って方向も分からず、身心ともに疲れきって、もはや歩行も忘れてしまった。まして、もはや日影も斜になって夜の冥《くらき》に入る。どうして聖人は、むりに私が立ち去るように勧められるのかと云う。

聖人は、自分は貴方が厭でいうのではない。この処は、遠く人間の気分を離れて、多くの年月を経てきている。それ故に、去るように勧めているのである。もし今宵、泊まりたいと思うならば、身体を動かさず、物を云わず、死んだように静かにしているように申された。

夜になったばかりの頃、にわかに微かな風がふいて、いつもとはちがっているようであった。いろいろの顔や形をした鬼神や鳥や獣が、数千も集会した。馬の面の牛や、鳥の頭の鹿などがいた。それぞれ香華、供具《くぐ》、菓子《このみ》、飲食《おんじき》、百味の肴、膳を捧げ持って、前の庭に並び立ち、高い棚を作って安置した。稽首頂礼し、一心に合掌して、次第に坐った。あるものが、この衆の中に、人間のいる気配がするのが怪しいといった。ある輩が、またいった。何人がきたのかと。

聖人は発願して、法華経を、暁の夜が明けるまで読み続けた。廻向が終わって、集会していた大衆が、渇仰礼拝して、それぞれ散会していった。

それでは、今から還りたいとおもうが、その方向も分からないというと、聖人は、それでは案内を付けて人里に送りましょうといった。

早速、水瓶《すいびょう》をとって、前の簀の上に置いた。水瓶が踊り出して、だんだん下に進んでいった。客の僧も、随って行くと、一、二時で、山の頂に往き着いた。山の頂に住して山の麓を見下すと、郷里があった。この時、水瓶は空に上昇して、元の処に還っていった。

義睿法師は、里に出て涙を流し、深山の持経者の聖人の作法徳行を語り伝えた。これを聞いた人たちは随喜して涙を流し、速かに発心する人が多く、その数は幾人もいたという。

義睿が僧坊を見つけて会ったのは、元は比叡山の東塔の三昧座主で、康保二年（九六五）に天台座主に補せられた近江の国浅井郡の人、相応に師事した喜慶の弟子であったという。[2]

相応は、回峯行者の祖といわれる行者である。

すでに大峯を通過することができそうな状況になっていた。その頃に長円《ちょうえん》法師の話[3]がある。

長円が、熊野から金峯への道中にであった不思議な話が同書にある。

第九十二　長円法師

沙門の長円は、天台山の僧であって、筑紫の人である。少年の頃に法家に入って、法華経を読誦し、兼ねてまた不動明王に奉仕してきた。

修行して徳を累ねて、験力は顕然としたものであった。葛木山に入って、二七日を経て、断食して、経を誦していた。夢に、八大金剛童子が現れてきた。身には、三鈷・五鈷・鈴杵・剣等の法具を着けた服装をしていた。多くの人々は皆、悉く合掌して、異口同音に賛嘆して申された。「奉仕《ぶし》修行者、猶如薄伽鑁《ゆうにょはくかばん》、得上《とくじょう》三摩地、与《よ》諸菩薩倶」といった。

このように讃《ほ》めおわって、一心に法華経を聞いているとみえた。

また、深い水が凍り付いて、道を閉ざしてしまった。浅深も分からないので、渡ることもできなかった。歎いて岸の上で止まっていた。

すると、大きな牛が深山から出て来て、この河を渡った。数回も往復して、氷を割り道を開いてから、牛は隠れてしまった。そのお陰で河を渡ることができた。護法牛に変って来て、沙門を渡らせたことを明かに知ることができた。

熊野山から大峯に入って、金峯山に参る時に、深山の路に迷い、前後も分からぬようになってしまった。一心に妙法蓮華経を唱えていると、夢に一人の童子が現れて、告げて云うには、「天諸童子《てんしょどうじ》、以為給使《いいきゅうし》、勿得憂愁《もちとくうじゅ》、示其正路《じぎしょうろ》」と告げた。長円は、夢が覚めてから正しい路がわかって、金峯山に詣ることができた。

それから、通夜《よもすがら》、法華経を唱えていると、後夜になって、一人の老人の宿徳の奇異なるものがあった。これは、すなわち神人であった。(以下略)

長円は、長久年中(一〇四〇～一〇四四)に世を去った。しかし、さらに昔、三善浄蔵が大峯に登ったと、大江匡房の「本朝神仙伝」[4]には、次のように書いてある。

「二一〇」 浄蔵が大嶺を過ぎることができた。大嶺は、金峯山と熊野との間である。浄蔵は、途中で経路を失って一つの谷に入った。すると、五架三間の僧房があった。禅僧が一人怠けて昼寝をしていたが、特に他には人がいなかった。

浄蔵が、その様子を窺い見て、怪しい天魔ではないかと疑い、密かに神呪を誦して、試みに加持しようとした。その時、この僧はようやく目を覚まして、手をもって顔をおおって、きっとこれは何か邪気の仕業ではなかろうかと云った。

枕の上の散杖を取って、香水を混ぜて振りかけた。すると、浄蔵の蓑の上に火がついて、たちまち燃えだした。僧は、もし予《われ》に能くするならば、甚だ貴い人でしょうという。

加持して火を消した。また我は神仙の中の人なりと云った。

浄蔵に柿を一つ与えて食わした。嘗めてから後一月、味い食おうとは思わなかった。浄蔵が帰路を尋ねると、僧は銅の瓶を喚んで送らせた。瓶が空を凌いで行く後に、浄蔵が随って帰路にたどりついた。後、尋ねたけれども更に逢わなかった。

「二二」　浄蔵法師が、昔大嶺に入られた。たちまち雨雪に逢い、冴えて寒いこと殊に甚しかった。道路はかすかにして、どの方面であるかもわからなかった。大きな樹の下に留って、枯れ木を集めて焼こうとした。木は雨を生ずること急にして、火炎は消えやすく燃やすことができなかった。いろいろと工夫してみたが、よい方法もなく、ただ本尊を祈っていた。

にわかに人が、樹の頂《いただき》にきた。浄蔵に、今宵はどうしたのだという。浄蔵は、火をたくこともできず、暗く寒くて、もはや堪え忍びがたいといった。樹の上の人が、将に、これから神力を試みようと思うという。よって、呪を二、三十遍、唱えたところ、薪が燃え、焼くことができた。

その後、我はこの山の仙人であると云った。君が困っているので訪ねてみようと、急いできたといった。そういうと飛び去って見えなくなった。その呪する声も大変悲しそうであった。浄蔵が仙人の呪する声を真似したところ、これを聴いた人は、涕泣しない者はいなかった。

三善為康の「拾遺往生伝」の成立の上限は、康和四年（一一〇二）となっているが、これには、浄蔵は、「三宝に仕え、熊野・金峯山の霊窟神洞に、歩を投じ身を寄せずといふことなし」、あるいは「稲荷谷に籠もりて、護法をして花水を採らしめ、或いは熊野山に詣でて、洪水に逢いて奇しき舟を得たり」とある。(5)

浄蔵の父は三善清行といい、延喜十八年（九一八）に七十五歳で亡くなったが、彼は第八の子であった。おそらく彼は金峯山で修行し、また熊野那智山で修行をしたので、この頃の大峯山中は、まだ容易に通過できる状況ではなかったのではなかろうか。

大江匡房は、熊野本宮証誠殿において、後白河法皇の御前で「大峯縁起」を代読した。当然、金峯から熊野の嶺の次第は知っていたはずである。また彼は、義睿の話も読んでいたので、浄蔵を大峯通過させようと創り上げたかもしれない。大峯を大嶺としている。浄蔵は、おそらく大峯を踏み越えてはいないだろう。

大江匡房の著「本朝神仙伝」(6)で都良香について、「仙をもとめ法を修して、大峯に通うこと三ケ度、終わる所を知らず」とあるが、この大峯とはどこであろうか。深仙を指すのだろうか。

当時の大峯奥通りを通過したというのは、奇跡に近い。義睿も長円も、単独で大峯を通過したというには、このような神話に近い話を創らざるを得なかったのだろう。

大峯山系は、容易に踏破できるほどのやさしい山ではなかった。大峯あるいは大嶺と称しても、まだ決して大峯山とは書いてはいない。大峯はうっそうと茂って、江戸時代ですら、『和州吉野郡群山記』によると、吉野から山上への途中、釈迦ケ岳へ古田の森辺りは、日光も通さない密林地帯で、落葉が集積し、風倒木が行く手を塞ぎ、獣道《けものみち》さえ見つけだせないような地域もあれば、岩場もある。背丈におよぶ大篠薮や、網のような蔓草や藤蔓など絡みあって行く手を阻んでいた。したがって、その中に迷い込めば抜け出ることは容易ではない。磁石も地図もない時代に、たとえ修行者といっても無謀に山中に踏み込むような行動はしないはずである。

大峯奥駈を達成したとみられる最初の記録は、『法華験記』に見られる義睿と長円の二人の話で、時代は平安の中期である。

註

（1）「大峯秘所記並縁起」五来重編『修験道史料集』Ⅱ　名著出版　昭和五十九年

（2）「大日本国法華経験記」『往生伝・法華験記』日本思想大系　六六頁　岩波書店　一九七四年

（3）「大日本国法華経験記」『往生伝・法華験記』一七三頁
（4）「本朝神仙伝」『往生伝・法華験記』二七〇頁
（5）「拾遺往生伝」『往生伝・法華験記』三一九頁
（6）「本朝神仙伝」『往生伝・法華験記』二六九頁

# 第八章　釈迦ケ岳を越える聖たち――両界曼荼羅の境、石崎の峯へ

宇多法皇の熊野御幸《ごこう》から、貴族や民衆の間にも熊野参詣が次第に普及してくると、熊野から奥の中台八葉院の深仙に籠もって修行する僧たちが現れていた。また、熊野聖や高野聖のうちには、釈迦ケ岳を越えて、さらに奥深く駈け入り籠山する修行者も、次第に多くなっていた。大峯胎蔵界を駈け抜け、金剛界の金峯に向かった修行者もいたようである。

西行は、二度も大峯奥駈《おくがけ》修行を行い、多くの歌を『山家集』に収めている。

●

宇多法皇が、延喜七年（九〇七）十月に「熊野御幸」をなされてから、山伏の熊野入りも次第に多くなっていた。熊野権現が天照大御神と対面する儀式、晦日山伏《みそかやまぶし》という行事は長い間にわたって中断されていたが、一時的にも復活して、熊野本宮の備宿のある対面天の嶺において修験山伏の重要な行事として盛大に行われていた。

大峯の深仙修行が山伏たちの間で盛んになってきた頃、その奥の釈迦ケ岳は奥の院として参拝するようになっていた。晴天の日に頂上にたつと、視界は四方に開けて南には熊野灘が、東は遠く富士山までも見えたという。

その頃、修行者たちのうちには呪力を高め、験を求めるために、深仙から釈迦ケ岳を越えて、さらに奥へ孔雀岳を過ぎ、羅漢岳や仏生ケ岳のある釈迦院に入っていた。楊枝宿を抜けると禅師森である。

大峰山脈の最高峰、八経ケ岳の辺りを越えると今の弥山宿にたどりつく。さらに、七つ池宿がある文殊院の嶺を経ると、もはや外金剛部院の後門に達する。小篠宿の辺りの石崎の峯は、両界の境にあたり、ここを抜けると金剛界の山上ケ岳である。

## 深仙から釈迦牟尼仏の嶺を越えて籠山修行

釈迦牟尼仏の嶺は、今の釈迦ケ岳である。胎蔵界の嶺の内、その名を現在地に今もとどめている唯一の山は、おそらくこの釈迦ケ岳のみであろう。その他の地蔵ケ岳や普賢ケ岳の名の山はあるけれども、その位置が胎蔵界の嶺とは異なっているようである。

花山法皇は83「釈迦牟尼仏の嶺」に使者を派遣して、弘徽殿《こきでん》の女御《にょうご》の御護《おまもり》であった七寸の銀の釈迦像を安置なされた。法皇は、若くして円融天皇から譲位されていたが、最愛の弘徽殿の女御の死によって無情を悟り、元慶寺において落飾《らくしょく》すなわち出家された。寛和二年（九八六）、十九歳の若さで法皇になられた。法皇は、熊野の那智山で修行をされた書写山の性空上人と御縁を結ばれていた。

法皇は、正暦三年（九九二）には熊野へ御幸なされた。

| 胎蔵界の嶺 | 百二十宿所 | 七十五靡 |
|---|---|---|
| 83 釈迦牟尼仏の嶺（釈迦院） | 四七 深五葉宿 | 四〇 釈迦岳 |
| | | 四一 孔雀ケ岳 |
| | | 四二 羅漢岳 |
| | | 四三 般若窟 |
| | | 四四 書写水 |
| | （四六） 空鉢宿 今剣岳 | 四五 空鉢岳 |
| | | 四六 仏生岳 |
| 84 虚空蔵菩薩の嶺（同） | 四八 教経宿 今楊枝宿 | 四七 楊枝宿 |
| | | 四八 鸚鵡ケ岳 |
| | | 四九 五古嶺 |
| | | 五〇 宝塔岳 |
| 85 観自在菩薩の嶺（同） | 四九 中就宿 今禅師返 | 五一 禅師宿 |
| 86 大輪仏頂輪嚕菩薩の嶺（同） | 五〇 験法宿 今大行者 | 五二 明星嶺 |

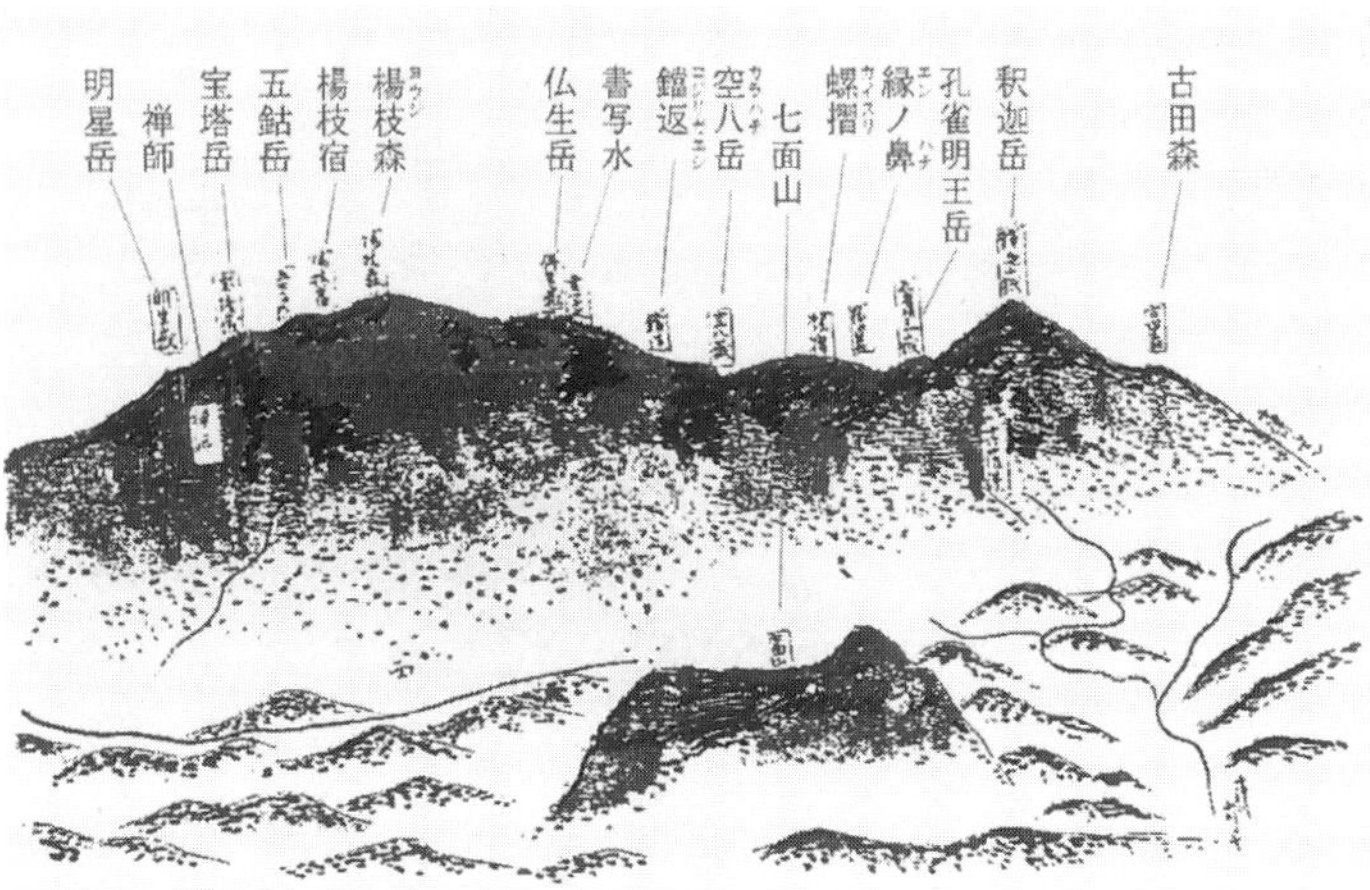


大峯奥駈　釈迦ケ岳から明星ケ岳（靡40〜50）（『和州吉野郡名山図志』）

百二十宿の四七「深五葉宿」すなわち釈迦ケ岳から五四「皮走宿《かわはせ》」までは、胎蔵界の菩薩の嶺にそれぞれ対応するように設けられている。釈迦ケ岳を越えて84「虚空蔵菩薩の嶺」は、「峯宿之次第」によると教経宿である。この教経宿は、「金峯山本縁起」によると今の楊枝宿である。この宿と釈迦ケ岳との長い間に、胎蔵界の嶺がないのはなぜだろうか。

楊枝宿がある虚空蔵菩薩の嶺から89「対面護門の嶺」の皮走宿、今の聖宝理源大師の座像がある講婆世宿までの間には、禅師たちが籠もって修行した験法・車路・教法の宿などがある。

86「大輪仏頂輪嚕菩薩の嶺」は、最高峰の八経ケ岳にあたるのだろうか。あるいは、これらの高峯はさけて皮走すなわち講婆世宿あたりにたどりついたのだろうか。

ところで、これまで深仙参詣には皇族や貴族の使者あるいは代参として、多くの僧侶や山伏たちが同行者とともに集団的な参詣が多く行われていたと考えられ、彼らの多くはほとんど南都や天台真言の僧たちであった。

しかし、ここから先の奥駈に向かった修行者は、これまでの修行僧たちとはかなりの相違がみられる。釈迦ケ岳を越えて弥山に駈けたのは、天台・真言系あるいは南都の僧たちに代わって、熊野聖や高野聖と呼ばれた聖人たちで、大峯聖とも呼ばれる人たちであった（二〇五頁参照）。

また、奉納されている御経などにも、いちじるしい変化をみる。それまでは、ほとんどすべて法花（華）経であったが、釈迦ケ岳から北の嶺には、法花経ではなく涅槃経、陀羅尼経、請観音

釈迦ケ岳頂上の釈迦像

経などのいろいろな御経が納められている。この変化の傾向は、安置される仏具にも伺われる。

これらの事実は、時代とともに抖擻《とそう》する修行者も、南都あるいは天台・真言の宗派も各派に別れて盛衰があり、また諸国を巡る聖たちも籠山あるいは回峯の修行を行うために山中に分け入ったのであろう。

| 胎蔵界の嶺（所属院） | 寄進の経・仏具 | 百二十宿 | 七十五靡 |
|---|---|---|---|
| 87 宝冠菩薩の嶺（文殊院） | 涅槃経 | 五一 車路宿 | |
| 88 光網菩薩の嶺（同） | 法花経 | 五二 教法宿 | |
| | | 五三 池宿 | 五三 弥山 |
| 89 対面護門の嶺（同） | 陽証の持経 | 五四 皮走宿 | 五四 講婆世宿 |
| 90 文殊師利菩薩の嶺（同） | 陀羅尼経 | 五五 小池宿 | 五五 一ノ多和 |
| 91 観自在菩薩の嶺（同） | 請観音経 | | |
| 92 普賢菩薩の嶺（同） | 御経 | | |
| 93 烏波髪天爾[2]使者の嶺（同） | | | |
| 94 拳放菩薩の嶺（同） | 十斉経 | 五六 横尾宿 | |
| 95 文殊師利化使菩薩の嶺（同） | | （千種宿） | |
| 96 無垢光菩薩の嶺（同） | 磬 | （行者宿） | |
| 97 日天后の嶺（外金剛部院） | 錫杖 | 五七 知恵宿 | |

| | | |
|---|---|---|
| 98 文殊師利使者菩薩の嶺（同） | 五八 劔《ツルギ》御山宿 | 五六 行者還 |
| 99 釈処天の嶺（同）五鈷、吉祥天像 | （児宿） | |
| 100 帝尺天の嶺（同）仁久の持経 | 五九 屏風宿、児宿 | 五七 児宿 |
| 101 守門天女の嶺（同）玉幡 | （三石屋宿） | |
| 102 鈎召使者菩薩の嶺（文殊院）錫杖 | 六〇 七池宿 | 五八 七曜岳 |
| | | 五九 倶利伽羅岳 |
| | （少宿《コスク》） | 六〇 普賢岳 |
| | | 六一 笙ノ窟 |
| | | 六二 天龍山 |
| 103 使者衆の嶺（同）阿字碑 | 六一 小宿　又脇宿 | 六三 脇宿 |
| 104 大梵天王の嶺（外金剛部院）本尊 | 六二 大篠宿 | 六四 阿弥陀森 |
| 105 守門天母の嶺（同）銅塔 | | |
| | 六三 五大尊宿 | 六五 小篠 |
| 106 石崎の峯 | 六四 今小篠 | |
| | 六五 行仙宿 | |
| | 六六 津泳宿神福山 | |

## 文殊院の嶺を越えて両界の境へ

弥山は、今は大峯奥駈において重要な中間拠点であるが、胎蔵界における嶺としては見いだし得ない。

89「対面護門の嶺」と94「拳放菩薩の嶺」との間、すなわち七十五靡の五四「講婆世宿」と五五「一の多輪」の間には、多くの菩薩の嶺がある。今は弁天の森や石休宿である。

89「対面護門の嶺」には尋禅僧正が、90「文殊師利菩薩の嶺」には義海僧正が、また91「観自在菩薩の嶺」には猶憲僧正が、自らあるいは使者を派遣して納経をなされている。

猶憲は、宇多法皇が先に熊野の峯辻に黄金の薬師仏を奉納された時の使者、惟首阿闍梨の弟子である。そのあとを継いで寛平五年（八九三）、第三代園城寺長吏である。彼は、金峯から講婆世宿までの途中である91「観自在菩薩の嶺」に使者を派遣して請観音経を六巻を納めている。

尋禅僧正について、すでに大峯通過の『蜻蛉日記』[1]にある「ある修行者、御岳より熊野へ大峯どほりにこえける」という話は述べたが、これには吉野から熊野への逆峯の行程がうかがわれる。

義海は豊前の人で、天慶三年（九四〇）天台座主となる。夢想によって蘇悉地陀羅尼経を、静空を使者として90「文殊師利菩薩の嶺」に奉納された。静空は流浪人であったが、修行の門人であった。

知恵宿は「ニサウ菩薩」とあり、尼僧菩薩とみなすと、その前後の関係から97「日天后の嶺」

と思われる。101「守門天女の嶺」は、三石《みいわ》屋宿[3]となっている。もはや、文殊院を出ると、いよいよ外金剛部院の後門である。ここは、今の小篠宿の辺りになる。

普賢菩薩の嶺は、今の大普賢岳の位置とはまったく違う位置で、「峯宿之次第」では、103「使者衆の嶺」、104「大梵天王の嶺」の二つの峯を大・小の普賢岳とみなしているようである。すなわち、「少宿、普賢菩薩トイウ」「大篠宿、普賢菩薩嶺ノ次也。大威徳大梵天嶺」としている。「大峯縁起」には、「小篠、逆ノ法螺吹ク大石ヲバ五大尊ノ岳ト云」と記してある。[4] また、石崎の峯は堺なりとしているのは、胎蔵・金剛両界の境界のことである。ここを越えると、いよいよ山上ケ岳のある金剛界に入る。

なお、津泳《つえ》宿を「峯宿之次第」では、「コムコウマンケサウノタワ也、ヲササカクシ」とあるのは、金剛界の金剛曼の嶺とみなしたおそれもある。

## 西行の大峯修行

修験山伏のさきがけともいえる行者たちが、大峯を目指してたどった山中の修行場所、大峯の秘所とされたのは、三重瀧から深仙、釈迦ケ岳、大日ケ岳から仙洞の宿をめぐる一帯の領域であった。『大峯秘所記』[5]には、次のように書きはじめられている。

「一、釈迦岳の巽《たつみ》(東南)神仙嶺の東を去る三里ばかりに谷あり、佐多那川がある。この辺三

釈迦ケ岳山頂釈迦像台座の多聞天王と阿修羅王（外金剛部院）

重滝あり。つぎの涅槃《ねはん》の嶺の南、釈迦の嶺、東南去ること一里ばかり向って南横なる石、其上に三蓋の石門が重なるなり」（原漢文）

　つづいて、佐田川の上流にある前鬼の三重の瀧から、前鬼の裏行場付近の様子を示し、さらに、

「童子石像。三重の巌室。羅漢の嶺、また釈迦ケ嶺並びに孔雀明王嶺の東にある無風雨、隠窟。西にある瑠璃室。大日嶺の東に千手嶺、宝塔嶺。五古嶺、涅槃嶺南の山上に高さ二丈石剣有之。

深山の麗水。神山都津御門。空鉢の嶺。苔の宿の南の四季花薗。常光童子守護など」

　略記したが、「以上口伝なり」とある。

　これらは、前鬼から釈迦岳、深仙を主とする大峯曼荼羅の胎蔵界の嶺々である。前鬼の行所が開かれたのはかなり後のことで、はやくても天台僧の菊南が修行をしていた一〇〇〇年前後の頃であろうと思われる。

　西行（一一一八～一一九〇）が大峯修行をした頃には、

すでに行場となっていたことは確かである。西行は熊野を出て深仙に辿り着き、三重の滝で修行し、小篠に泊まり、さらに御岳を通って吉野に出たと順峯の行程も想定されている。あるいは、西行の大峯修行は、『山家集』の歌の順からは逆峯といえるという。あるいはまた、西行の経歴から、吉野から出発したと考えるのが自然であって、もし二度大峯で修行したとすれば、最初は吉野山から、二度目は熊野から入ったと考えたいともいう。

西行は、かねてから大峯修行をしたいと願っていて、大峯修行の先達の宗南坊行宗僧都の了解を得て参加した。行宗（一一二七～一二一二）は、四十四歳で熊野修験の直任執行となり、桂松先達、律師に任ぜられたのは文治三年（一一八七）である。崇徳上皇が崩じられたのは長寛二年（一一六四）、西行は深い追悼の念をもちつつ、この頃大峯修行を決行したとも考えられている。

ここで、西行の奥駈修行の歌から、通過してきた経路と「宿」について考えてみたい。三重の滝が発見され、前鬼の行場は、おそらく深仙宿に修行者が多く参詣するようになった頃に設けられ、次第に重要な行場となってきたのだろう。

西行は、前鬼の三重の滝で行をして歌を詠んでいる。

三重の瀧をがみけるに、ことに尊く覚えて、三業の罪もすすがるる心地してければ

身につもることばの罪もあらはれて　心すみぬるみかさねの瀧

ところで、西行は、明らかに春山伏と、秋の大峯入峯の様子を詠っているから、二度の修行を行ったことは確かである。

まず、春山伏を行い、笙の岩屋や小篠の宿などで歌を詠んでいる。

みたけ（御岳）よりさうの岩屋（笙の岩屋）へまいりたりけるに、もらぬ岩屋もとありけむ折、おもひ出でられて

露もらぬ岩屋も袖はぬれけると　聞かずはいかにあやしからまし

をざさ（小篠）のとまりと申す所に、露のしげかりければ

分けきつるをざさの露にそぼちつつ　ほしぞわづらふ墨染の袖

西行は、春山伏で非常に難儀した。彼は、先達の行宗にうらめしげな苦情を述べたが、逆に諭されて、ふたたび秋に修行の峯入りを行った。

歌集には、秋の観月や紅葉の歌が多く詠まれている。これから先は、大峯の深仙の歌になる。

大峯のしんせん（深仙）と申す所にて、月を見てよみける

深き山にすみける月を見ざりせば　思ひ出もなき我が身ならまし

嶺の上も同じ月こそてらすらめ　所がらなるあはれなるべし

月すめば谷にぞ雲はしづむめる　嶺吹はらふ風にしかれて

をばすての嶺（伯母峯）と申す所の見渡されて、思ひなしにや、月ことに見えければ

　をば捨は信濃ならねどいづくにも　月すむ嶺の名にこそありけれ

こいけと申す宿《すく》（小池の宿）にて

　いかにして梢のひまをもとめえて　こいけに今宵月のすむらむ

ささの宿（篠の宿）にて

　いほりさす草の枕にともなひて　ささの露にも宿る月かな

ささの宿は、百二十宿の「篠の宿」、また「峯宿之次第」の「林原《はやしはらの》宿（金剛拳ノタケ、今ササトイフ）とある「篠の宿」である。

へいちと申す宿（平地の宿）にて月を見けるに、梢の露の袂にかかりければ

　梢なる月もあはれを思ふべし　光に具して露のこぼるる

あづまやと申す所（四阿の宿）にて、時雨ののち月を見て

　神無月時雨はるれば東屋の　峰にぞ月はむねとすみける

　かみなづき谷にぞ雲はしぐるめる　月すむ嶺は秋にかはらで

ふるや（古屋）と申す宿にて

神無月時雨ふるやにすむ月は　くもらぬ影もたのまれぬかな

さて、西行が歌を詠んだ宿は、深仙・小池・篠・平地・四阿・古屋の順になっている。すでに、百二十宿時代の宿名から変わって七十五靡と同じ名になっている。これから考えても、百二十宿のコースは、篠宿・小池宿・深仙への順であったことは確かのようである。

ところで、次の歌の場所についても考えてみよう。

平等院（行尊僧正也）の名かかれたるそとばに、紅葉の散りかかりけるを見て、花より外にとありける人ぞかしと、あはれに覚えてよみける

あはれとて花みし嶺に名をとめて　紅葉ぞ今日はともに散りける

この歌を小篠で詠んだとされているが、大峯の歌で、金峯の歌ではない。この「はなよりほかに」という行尊の歌は、『金葉和歌集』に、

もろともにあはれと思へ山桜　花より外に知る人もなし

とある。したがって、行尊の名のある卒塔婆を見て詠んだのだろう。

行尊は、「大峯の神仙といへるところにひさしく侍りければ」とあるように、彼は深仙に籠もって詠んだ。また、「紅葉の散りかかる」とあり、明らかに秋山伏である。

ちぐさのたけ（千草岳）にて

分けて行く色のみならず梢さへ　ちぐさのたけは心そみけり

千草岳と考えられる。『諸山縁起』の「千草の宿」(6)も充てられているが、西行があげている宿は、すでに百二十宿時代の宿名を脱して、「今云々」と称するような当時の呼称を用いて、七十五靡に該当しているのも多い。『諸山縁起』の百二十宿には、西行が詠んだ「行者がへり・三重のたき・天ほうれんのたけ」などの名称の宿はない。

「ちぐさのたけ」について畔田翠山《くろだすいざん》は、「千種岳　宝冠岳の南に並ぶ山である。宝冠より低い」と述べ、小池宿には「昔は宿があったが今は絶えてない。千種岳の南に並んでいる小山である。その南は滝川辻である」と書いている。

また、『源平盛衰記』によると千種岳に登ると、四季の花が一時に開いて盛んであるというけれども、四季の花はない。秋末や冬始には、この辺の諸山は紅葉が散って錦のようである、と彼は書いている（『釈迦嶽之記』）。

ありのとわたり（蟻戸渡り）と申す所にて

笹ふかみきりこすくきを朝立ちて　なびきわづらふありのとわたり

大峯には、「蟻戸渡り」とかつて称され、また今も行所とされる場所が三ケ所ある。多くは山

蟻の戸渡り（大正時代の山上裏行場）

上裏行場の「蟻の戸渡り」と同一視されているようである。

しかし、山上ケ岳にある裏行場「蟻の戸渡り」は、奥駈には通過する必要もない地点で、西行の当時はまだ設定されていなかったと思う。この「蟻戸渡り」は、おそらく順路から考えて笹の深い南奥駈にある「岸の宿、蟻の途渡り」（『大峯秘所記並縁起』）、「極秘伝」の「岸乃宿、蟻ノ戸渡リ霊場」（『大峯七十五靡奥駈修行記』[7]）であると考える。

転法輪のたけとす申所にて、釈迦の説法の座の石と申す所をがみて

此処こそは法とかれたる所よと　聞くさとりを得つる今日かな

転法輪岳について「峯宿之次第」では、苔匐輪宿（羅財菩薩ノタケ、転法輪嶺）とすれば、東屋宿と平地宿の中間になり、今の転法輪岳と考えられる。

『西行物語』には順峯、『古今著聞集』には大峯二度の行者とあり、論議のあるところである。いずれにしても西行の大峯修行については、大峯奥駈を完全に南北に踏破したという前提にたっている。しかし、今まで奥駈成立の過程から考えてみると、西行の当時は、どうも御岳詣での金峯から小篠、笙の窟から行者帰りまでの春の修行と、大峯修行は深仙籠山であって、佐田の方から前鬼に登り、三重の滝で行をし、深仙に籠もって修行してから逆峯のルートを経て本宮へ下る秋の修行と、それぞれ別におこなったように思えてならない。西行の歌の詠唱の順から、逆峯説がでるのも無理がないようである。

宮家準氏(8)は、峯中で「釈迦ケ岳から弥山にかけては峰中で最も美しいところだが、なぜか、ここでは歌をのこしていない」と疑問を投げかけられている。もし、大峯奥駈を踏破したとすれば、春山伏は逆峯、やはり秋は熊野から金峯への順峯であったのだろう。

註

(1)『蜻蛉日記』一三〇・一三一頁　小学館　昭和六十年

(2)拳放菩薩の嶺は文殊院の髻設尼《けいしに》童子と認定した。理由は、院内における前後の嶺の位置関係、童子石の洞にあることなど、他に文殊院には該当する嶺はない。

（3）沙門日円が金峰山《みたけ》の三の石窟《いはや》に住し、と『続本朝往生伝』〔三〇〕にある。これを三石屋宿とみなすと稚児宿の近くと思われるが、笙窟・朝日窟および鷲窟のある「笙の岩屋」とも考えられる。
（4）『熊野金峯大峯縁起集』真福寺善本叢刊　一三八頁　臨川書店　一九九八年
（5）「大峯秘所記並縁起」五来重編『修験道史料集』Ⅱ　一三三頁　名著出版　昭和五十九年
（6）小田匡保「山家集に見る山岳聖域大峯の構造」『史林』七〇巻三号　一二九頁　昭和六十二年
（7）「大峯七十五靡奥駈修行記」五来重編『修験道史料集』Ⅱ　一四一頁　名著出版　昭和五十九年
（8）宮家準『大峰修験道の研究』二七一頁　佼成出版社　昭和六十三年

# 第九章　胎蔵界から金剛界へ

## ——金剛界の嶺、涌宿から吉野へ

大峯曼荼羅、胎蔵界の嶺々を経て、ようやく山上ケ岳のある金剛界にたどりついた。金剛界の九会《くえ》には、大日如来をはじめとして諸々《もろもろ》の仏菩薩が鎮座する。仁宗聖人《にんそうひじり》は、胎蔵界において禅洞が感得した嶺々を記録し、大峯の抖擻《とそう》を終えた。しかし、金剛界の嶺に口伝のみで駈け入るのは余りにも不案内であったのかもしれない。

彼は記憶をたどり苦心をしたが、口伝の曼荼羅の嶺と現実の間にもどかしさを感じたようである。

仁宗は金剛界へ踏み込んで、大峯の両界曼荼羅を完成しなければならない重い責任を感じていた。吉野から山上ケ岳への金剛界の道は、熊野からの胎蔵界に比べて早くから開かれていたが、彼にとっては不案内で、金剛界の嶺々は詳しく知り尽くしていないので、事績についても充分に記し得ないと責任を感じ、禅洞の跡を尋ねると申し開きをしているようである。

仁宗は、口伝はなお耳に残っているので、必ず感得できると信じているという。金剛界の嶺は、胎蔵界に比べてはるかに少ないけれども、現実に各会に大日如来をはじめとして感得した仏菩薩をお祀りするのは決してやさしいことではない。仁宗は自身の体験と口伝を頼りにして、禅洞の跡を書き留めようと努力をした。

その結果、仁宗は大峯の胎蔵界からさらに金剛界へと両部曼荼羅、画像のない曼荼羅を完成した。しかし、それは全く画のない珍しい幻の山岳曼荼羅であった。

## 金剛界曼荼羅の嶺

大峯曼荼羅の胎蔵界の嶺には、曼荼羅現図の菩薩の座がかなり整然と配置されていることがわかる。しかし、同じように金剛界の嶺に大日如来や菩薩を配置しようとしても、仁宗自身がとまどいを感じて次のように述べている。

「金剛界諸仏、具《つぶさ》に蜜を尽さざるが故に、禅洞の跡を尋ね求むべし。大切なり。その行器を伝うるか。努力蜜《ゆめゆめかく》すべきか。信ずる者は定めて現ず。その論、耳にあり。理趣会《りしゅえ》の諸仏より始めて、微細会《みさいえ》に下る」

仁宗は、金剛界の仏をすべて知り尽くしてはいないので禅洞の跡を尋ねるが、口伝はなお憶えているから、信頼し努力すればきっとわかるだろうという。

金剛界の曼荼羅図は、先の胎蔵界と同じく空海が持ち帰った金剛界曼荼羅現図である。この金

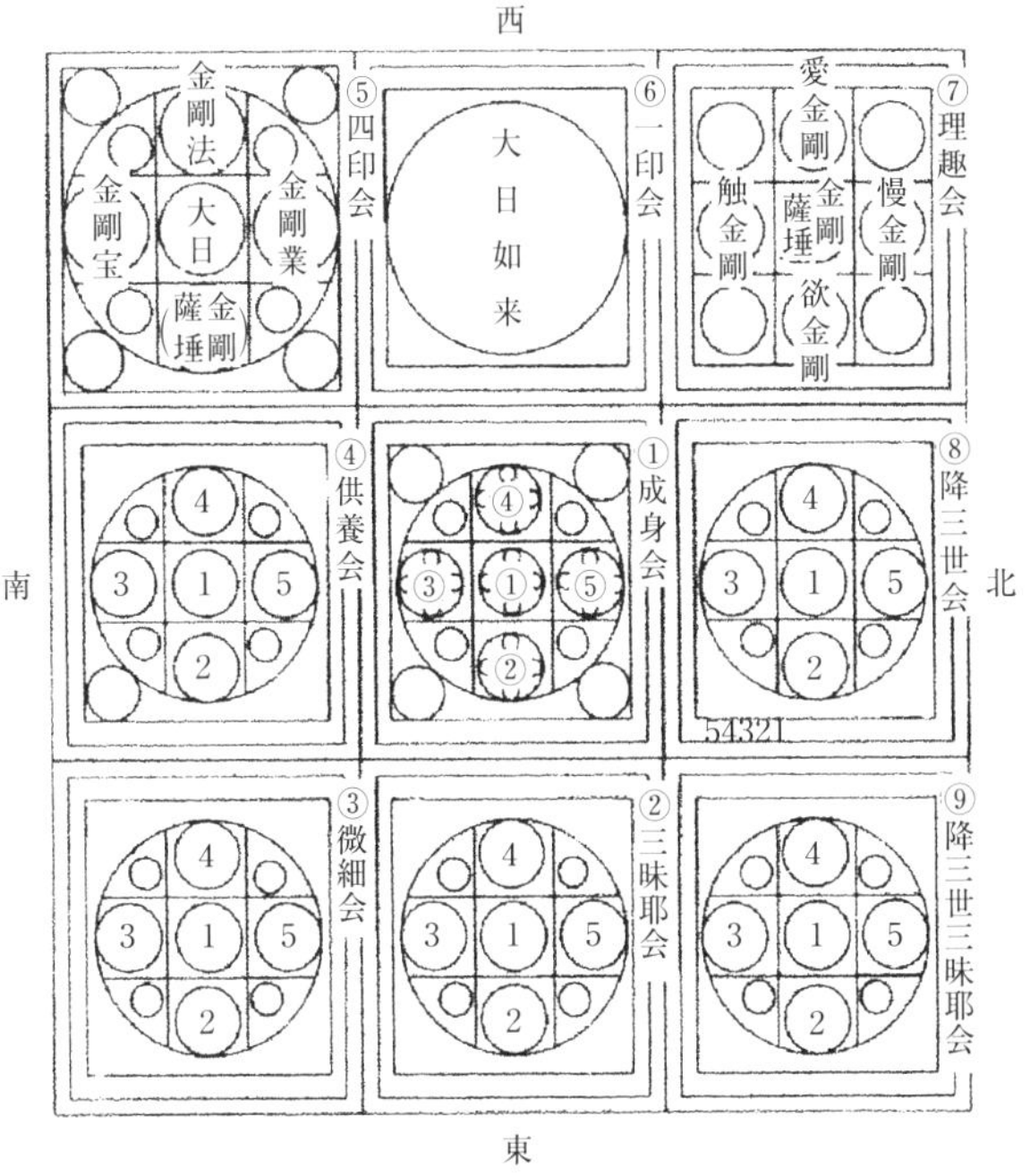


両界曼荼羅　金剛界　略図

①大日如来　②阿閦如来　③宝生如来
④無量寿如来　⑤不空成就如来

剛界曼荼羅現図を見ると、胎蔵界では院として十二院から成っていたが、金剛界では会として図のように九会《くえ》から成り立っている。それぞれの会の中央には、大日如来が座を占めている。仁宗は、禅洞が感得した金剛界の曼荼羅を念頭にして、それぞれの嶺に大日如来や菩薩を配置している。

理趣会から一印会《いちいんね》・四印会《しいんね》・供養会《くようえ》・成身会《じょうしんえ》・降三世会《ごうざんぜえ》・降三世三昧耶会《ざんまやえ》・三昧耶会および微細会の順序に書き留めている。しかし、金剛界の嶺に参詣して、仏像を安置あるいは納経した寄進者や修行者についての記載は全くない。わずかに、呪を持する明養仙人と寿元の卒塔婆として、その名をとどめているにすぎない。

仁宗は、金剛界九会の理趣会から微細会《みさいえ》に下っている。まず、西北（右上）にある理趣会の中を巡って、南（左）の一印会、次の四印会から東の供養会、北へ成身会、降三世会から東に向かう順をたどっている。

まず先に、仁宗が記録している嶺についての知見を「諸山縁起」より引用しておく[1]（「大菩提山等縁起[2]」も参照した）。

「理趣会」

秋金剛の嶺（禅嶺）（禅師宿と傍注あり）下るに、左脇に滝二つあり。大小の光炎生ずと云々。

金剛曼（曼金剛）の嶺
冬金剛の嶺
愛金剛の嶺
普賢菩薩の嶺
欲金剛の嶺
春金剛の嶺
計里計羅の嶺
雨（雲）金剛の嶺
「一印会」
仏頂山毘盧遮那如来の嶺
「四印会」
葉金剛（金剛業か）の嶺

〈徒《うつ》り登る〉石屋あり。下るに不如滝ありと云々。

「四天現ずる山」左脇に石屋・滝あり。

「童子現ずる山」辺りに石屋三所あり。

「普賢を供養する山なり。（経）箱あり」下の洞に仏あり。

（仙経所）、持呪明養仙人なり。仙の住所なり。経箱は下なり。

五古・三古あり。尋ね見るべし。上るに左右あり、この具、同じ所にありやと云々。

「仏果証山と云々」

常に敬礼・恭敬の所。諸天集会の所なり。下るに滝あり。高さ三丈余。

「伝葉所なり。宿の下に滝あり。前に洞あり」

千仏の山、「長峯と云々。墓置所なり。種々《くさぐさ》の如法経巨多なり」

〈最上地なり、池水葉洗い上登るなり、行者如法経二部墓御所なり。余十二部在り。精進登り。西辺に行くに、大石あり。文字あり。（下）石屋あり〉

「弥勒菩薩の転法所なり。仏頂山下」

金剛薩埵の嶺
大日如来の嶺
普賢菩薩の嶺
虚空蔵菩薩の嶺
「供養会」
大日如来の嶺
「成身会」
大日如来
「降三世会」
「降三世三昧耶会」
大日如来

成就満願所、観音同居す。仙宮三所、皆洞なり。

一は左、二は右に下る。篠の下にあり。

千種所〈山に菩薩の石屋あり〈小菩薩石在り、とある〉〉

「〈本経御座〉十二部経、石屋に納む。所在を尋ぬべきなり」

「経箱は石の中に納む。種供養と共にありと云々」

「行者常住すと云々。四智会〈四印会〉なり。明星の石屋二所あり。

寿元卒塔婆二十〈二所〉あり、五尺許也〉」

〈遠く下る〉〈滝あり。同じ所に輪石あり、輪洞あり。経を納め安置する〉

「弥勒の宿る金峯の洞、四所あり。一所は成身下に在り、二所は篠中にあり」

「下るに滝あり。原を下るに石屋あり。弥勒菩薩御坐す」

三教の嶺と云々。

「三昧耶会」

大日如来

天の後の上の峯。（天后上峯）──日天后の嶺は胎蔵界にある──

「微細会」

大日如来

金精明神の峯なり。

大日如来・弥陀の同じく居す所の嶺なり。この会の諸仏は、微細会に伝わり、下る所は椿金剛童子の際なり。

諸仏菩薩等、これに止まらず。ゆめゆめ秘密なり。委しき事は口伝にあり、と云々。かくの如きの由、珍尊伝う。慈恩寺の聖人命久、伝えこれを住《とど》むるのみなり。

天平宝字九年（七六五）歳次戊申（これは神護景雲二年、七六六）十月二日、伝え得るは命久なり。

天平十七年（七四五）酉の年四月、仁宗これを記して伝う。

仁宗自身が述べているように、自身の体験か、それとも口伝を記録したのか、大峯曼荼羅の金剛界を完成しなければと苦心しながら、ようやく記録し終えたのである。

# 金剛界の嶺と百二十宿および七十五靡との対比

金剛界の嶺の場所を知る手がかりは、全くないといってもよい。胎蔵界においては、「峯宿之次第」(3)が唯一の案内書であった。ふたたび、この「峯宿史料」にしたがうことにする。胎蔵界では、その初門から入って後門から出た。金剛界に入るには、どこから入るべきであろうか。仁宗は、まず理趣会から入っている。この会には、すべての仏を九嶺に充てている。しかし、順路からすれば当然に涌出岳になるが、なぜか鎰懸《かぎかけ》宿としてある。

「峯宿史料」には、成身会の大日如来を、山上ケ岳の頂上の涌宿に充てている。仁宗のルートからは不合理のようであるが、金剛界に登るには定まった循環経路(4)(下転門・上転門)があるの

| 会 | 金剛界の嶺 | 百二十宿 | 七十五靡 |
|---|---|---|---|
| 理趣会 | 秋金剛の嶺 | | |
| 同 | 金剛曼の嶺 | 六七　涌宿、山上 | 六六　山上ケ岳 |
| 同 | 冬金剛の嶺 | | 六七　浄心門 |
| 同 | 愛金剛の嶺 | 六八　鎰懸宿 | 六八　鐘懸 |
| 同 | 普賢菩薩の嶺 | | |
| 同 | 欲金剛の嶺 | 六九　石林宿、鞍懸 | |
| 同 | 春金剛の嶺 | 七〇　智有宿、寺祇園 | |

| | | | |
|---|---|---|---|
| 同 | 計里計羅の嶺 | 七一　老仙宿、今祇園 | 六九　二蔵宿 |
| 同 | 雨金剛の嶺 | 七二　観音宿、今七高 | |
| 一印会 | 毘盧遮那如来の嶺 | | |
| 四印会 | 葉金剛の嶺 | | |
| 同 | 金剛薩埵の嶺 | | |
| 同 | 大日如来の嶺 | | |
| 同 | 普賢菩薩の嶺 | 七三　大久宿、今聖尾 | |
| 同 | 虚空蔵菩薩の嶺 | 七四　薊野宿 | |
| 供養会 | 大日如来の嶺 | 七五　龍熟宿（守屋） | |
| 成身会 | 大日如来 | 七六　法浄仙宿、青根 | |
| 降三世会 | 弥勒菩薩 | 七七　鈴光三童子 | |
| 降三世- | | | |
| 三昧耶会 | 大日如来 | 七八　当熟仙宿、椿大門 | 七〇　安禅宿 |
| 同 | 三教の嶺と云々 | 七九　戒経仙宿、祭野 | 七一　金峰神社 |
| 同 | 大日如来 | 八〇　長峯 | 七二　水分神社 |
| 昧耶会 | 大日如来、金精明神 | 八一　法成老宿（河西） | 七三　蔵王堂 |
| 微細会 | 大日如来、弥陀の同じ嶺 | 八二　王塾仙宿、丹治坂 | 七四　丈六山 |
| 同 | | | 七五　柳の宿 |

でこれにしたがうと、やはりまず最高峰にあたる成身会大日如来の嶺を涌出岳を充てるのが妥当であると思う。

仁宗のこれらの嶺についての所見は、かなり具体的に記録されている。しかし、山上ケ岳周辺から吉野への道中の地形など想い巡らせても、該当する会の嶺が浮かんでこない。理趣会の嶺々は、山上ケ岳から吉野への道中、後の二蔵宿まで降りている。

計里計羅（髻《けい》利吉羅）の嶺は、「下るに滝あり。高さ三丈余なり」とあるが、これに七一「老仙宿、今祇園」、二蔵宿とするのは実状に沿わないようである。また、雨金剛の嶺も、「宿の下に滝あり。前に洞あり」として、七二「観音宿、今七高」とあるのもわからない。むしろ、これら曼荼羅には「笙の岩屋」辺りの情景が浮かんでくる。

普賢菩薩の嶺は、「経箱は石の中に納む。種の供養と共にありと云々」として、鎰懸宿と鞍懸宿との間にあたるが、すでに過ぎてきた胎蔵界の経箱石のある今の普賢岳辺りを指しているようにも思える。一印会においては、仏頂山毘盧遮那如来の嶺を最上地としている。そうであれば当然この地は、山上ケ岳の涌宿を指すべきであろう。

九会のうち、四印会・供養会については、全く該当する宿を見つけることはできない。宮家準氏は、金剛界については四印会の普賢菩薩の嶺を経筥、普賢岳とし、降三世会の大日如来の嶺を小笹と比定している（八七頁）。

さらに下った吉野山周辺の宿についても、嶺と宿の関連を見つけることはかなり難しく、「峯宿之次第」からも、これから先の嶺と宿の関係をうかがうことはできない。

おそらく、曼荼羅の嶺と宿の関係をただそうとしても、吉野周辺ではもはや手がかりさえも得られなかったのだろう。百二十宿の時代の古い仙庵の名さえも、今祇園・寺祇園のように変わっていた。

したがって、「峯宿之次第」の記録をそのまま引用するにとどめておきたい。

鈴宿（鉤金剛、金ノ明神）、薢《ケヤ》野宿（□□ノ金剛童子、大日）、犬《(ママ)》久宿（大日下山、コモリタウ）、龍熟宿（カツテノヤシロ）、法浄仙宿（ムクシヨウノキハ）、戒経仙宿（坂半）、法成老宿（カハツラ、ソトハタチ）。

（）は小文字、カナ書は、籠塔、勝手社、六丈野際、川面、卒塔婆建であろう（六二頁の表）。最初の理趣会では、金剛薩埵をはじめ全ての仏が鎮座されているが、四印会の五仏、微細会の二仏の他の会においては、それぞれ大日如来とあるのみ。大日如来の嶺のある地を推察することもできない。わずかに、微細会の大日如来の嶺が金精明神として、今の金精神社に充てられているだけである。

さて、仁宗はようやく微細会にたどりついて金剛界についての記録をなし終えた。しかし、胎蔵界における各院の仏菩薩の嶺がかなり整然と配置されていたのに比べて、金剛界の嶺においては余りにもバランスを欠いている。すでに、宮家準氏[5]が指摘しているように観念的な記載にとどまっているように思われる。

胎蔵界における玉置山から深仙まで、初めの頃の嶺・宿についてはかなり詳しく書かれていた。参拝者、安置された仏像や納経についての記載も多い。しかし、金剛界の山上ケ岳から吉野までは、このような記載はほとんどなく簡略にしか書かれてはいない。

熊野から大峯に入る熊野本宮から玉置山参詣の初期のルートと、吉野金峯から山頂の蔵王堂のある山上ケ岳へのルートと、どちらが早くから開通していたかと考えてみると、吉野から山上参詣の方が早く開通していたとも思われる。

この金剛界の記録には、両部曼荼羅を完成させるためであったのか、胎蔵界におけるような修行者の名も奉納仏像の記載もなく、ところどころの嶺に納経されたとあるのみである。おそらく、金剛界の金剛曼や秋金剛などの名も、大峯曼荼羅の完成のために付けられたので、当時、すでに多くの仙庵の名称も実際には、今祇園・寺祇園というような宿名にほとんど変わってしまっていたようである。藤原道長が参詣した当時は、宿泊した「寺祇園」は、以前は「智有の宿」と呼ばれていた宿であった。

胎蔵界の嶺の記録が山伏たちによっても尊重されていたことは、「峯宿之次第」という史料の存在によってもよく理解できる。しかし、胎蔵界に比べて金剛界の記録は、参詣のための案内として実際にはどのように利用されたのであろうか。

なお、百二十宿は多すぎるように思われたが、嶺と対比することによって、当初は実際はあったかもしれない多くの宿がかなり意識的に消え去っているようにも思われた。それは、特定の蓮華部院や持明院などの嶺には、宿の記録が全くないからである。宗派による争いの影響だろうか、これらの嶺にも宿があったとすると、百二十宿はその数をほぼ満たすことができるだろう。

## 順峯・逆峯、大峯奥駈を達成した初期の行者たち

呪法を求める山林修行の場合には、単独行の場合があるだろう。しかし、山中深く、あるいは遠方に出かけるときには、少なくとも二、三人の同行の必要があるかもしれない。

珍尊は持経者で、称徳天皇の時の人である。天平神護二年（七六六）十月九日、熊野の御山参詣の初め。同行の三人は、倭国の人なり。この中に水尾の仙人あり云々（「諸山縁起」第三項）とある。

修行の場合には、水がなくては生きてゆけない。水のある場所、野宿に適した岩屋や樹下などが、次第に修行者同志の交流を通じて知られてくる。そして、次第に奥へ奥へと修行の足を延ばして、熊野から玉置山の辺りまでが、やがて仙ケ岳の途中の東屋や仙洞の辺りまで深入りするようになる。同行者が増えてくる。遠く長期にのぼる旅には、持参する食料にも限りがある。食料など荷物の運搬などを考慮すると、人夫も必要で多人数にならざるを得ない。

大峯修行も次第に集団化することによって通過できたのであって、単独ではとても無理であろう。山伏たちが組織化されることよって、ようやく熊野から金峯へ、またその逆の奥駈《おくがけ》も達成で

きるようになったのであろう。

さて、大峯奥駈が修行ルートとして開通したのはいつ頃であろうか。

確実に、開通した時期を示した記録を知らない。大峯を最初に通過した者として、義睿や長円があげられるが、あるいは浄蔵、山伏次郎らもあげられている。

義睿が峯中で奇遇の僧は、相応の門下、喜慶の弟子らしいから十世紀の末期でろう（一五五頁）。また、御岳から大峯を越えたという尋禅らしい話は天禄元年（九七〇）であり、長円は長久年間（一〇四〇～一〇四四）に亡くなったという。おそらく、大峯の通過が試みられ、これが達成されて、山伏たちが大峯抖藪《とそう》を始めるのは、花山法皇の熊野御幸の前後の頃からだろう。法皇は、釈迦牟尼仏の嶺に使者を派遣して弘徽殿の女御の御守の釈迦像を安置なされている。

確実に修行の路が通じていたのは、「大菩提山等縁起」にある「公豪入寺伝記之、菩提峯宿付吹螺様次第在、云々」につづいて、水の所在地が書かれている記録によってもわかる。

承暦元年（一〇七七）六月五日、深山（深仙）に伝わるのを、播磨の禅定房応久が伝える。能々秘すべしと書かれている。それによると、次々に水場があげられている。

「水飲ノ水、玉木ノ水、仙洞ノ脇キノ水、常転法輪ノ峯ノ水、小池水、大日峯ノ水、尺迦峯水」とあるのは、熊野から釈迦ケ岳まで、「柳枝（楊枝）宿ノ長尾水、吉野熊野ノ池水。西峯在リ、池水甘露薬水」は弥山まで。下って、「皮走（講婆世の宿か）ノ中ノ水、浮那《ふな》水、行者ノ上ノ水、禅師水、笙峯ノ水三所在リ、金峯山ノ蔵王堂ノ阿伽水」とある。

これは、明らかに熊野から入峯して、まず水飲宿から、次々と水場を吉野金峯の蔵王堂まで、大峯山系を縦断して記入されている。

これには、大峯宿所百二十宿に該当する一連の場所がうかがえ、大峯奥駈路の開通である。おそらく、この承暦元年（一〇七七）より前、すでに奥駈を通行していた聖山伏のような行者たちがいたことも間違いないだろう。

熊野から金峯へ奥駈が実際に行われたのは、おそらく行尊の頃からが最初であろうか。

大峯入峯の最初の人物として行尊について、「熊野年代記」[6]には、康徳天皇、天治二年（一一二五）には「三井寺長吏聖護院任大僧正、牛車勅許、大峯入熊野是を始めとす、熊野三山任大検校職、云々。行尊大僧正也」とあり、彼が初めて熊野から大峯に入ったと書いてある。

行尊は熊野から大峯に向かい、途中の吹越宿で山伏たちと同宿した折に、次のように詠っている（『新拾遺集』）。

大峰の吹こしという宿（吹越宿）に泊まり合たりける山ふしさきたちてければ

又いつか逢みんことを定めてか　露のうき身を置てゆくらん

熊野から吉野への順峯においては、吹越は最初に大護摩修行の霊地とされている。

本宮を出て、すでに吹越宿で一泊するほど、途中はやはり難行したのであろうか。

この頃、すでに山伏の大峯奥駈が始まっていた。長承二年（一一三三）、醍醐寺円明院に入った重源は、東大寺再興の大勧進をした聖人であるが、大峯修行五度の修行をした。三度は深仙においで写経をしているが、二度は持経者十人を以て峯内において、千部経を転読している(7)(『南無阿弥陀仏作善集』)。

また、吉野金峯から山上ケ岳や小篠を経て大峯に出た人物の記録としては、覚忠(一一一七〜一一七七)がいる。彼は慈円大僧正の弟、聖護院門跡であった。

「みたけより大峯にまかり入りて神仙……」とあり、確かに大峯を通って熊野に出ている。金峯山から小篠や弥山を経て釈迦ケ岳に登り、神仙の宿に五十日ばかりも逗留して、金泥で納経する法華経を写していた。時期は、応保年間(一一六一〜六二)ではないかと思われる。

そこへ、熊野から房覚僧正が、前大納言の歌を託されてきた。『千載集』には、前大納言成道の歌として、

　　惜しからぬ命ぞさらに惜しまるる　君が都に帰りくるまで

との歌と、前大僧正覚忠の返しとして、

　　憂き世をば捨てて入りにし山なれど　君が問ふにや出でんとすらん

という歌があげられている。

神仙の宿には、行尊や覚忠らがかなり長期間に亘って逗留している事実から見て、それなりの

江戸期の神仙宿（靡38）（『和州吉野郡名山図志』）

修行道場としての建物や給水など修行生活に必要な施設が整えられ、さらには補給の策も講じられていたのだろう。

大峯修行の行峯日数を記してある「大峯修行伝記」[8]には「従南北行　春成夏季、日数百日、従北南行、秋成冬季、日数七十日」とあり、この原本は平安末期か鎌倉初期とされるから、この頃すでに奥駈の成立を示すものである。

建保四年（一二一六）、大峯に入るために本宮に向かった山伏正範は、発心門の近くで山賊に襲われ、所持金を奪われ人夫六、七人の荷物も取られてしまった。この頃、食料がなくなってしまい、道中を徘徊する山伏行者もいたという[9]。

大峯通過が、今のように一貫されていたのか、そうではなくある時期までは通過困難な尾根を避けて降りて迂回し、あるいは途中の村へ降りて食料を補給するなどして、ようやく奥駈が達成されたのではないだろうか。いくつかの峯辻があることは、これらのことを物語っている。

おそらく、十世紀の後半から十一世紀の初期にかけて奥駈は確実に成立していたと考える。熊野からの天台系の僧や聖たち、あるいは吉野からの尋禅らのような当山派の山伏たちによる大峯修行が、南北を縦走する奥駈として重視されるようになったと思われる。

註

(1)「諸山縁起」『寺社縁起』一〇四頁　岩波書店　一九七五年
(2)「大菩提山等縁起」五来重編『修験道史料集』Ⅱ　一二一頁　名著出版　昭和五十九年
(3)「大菩提山等縁起」五来重編『修験道史料集』Ⅱ　一二八頁
(4) 真鍋俊照『曼荼羅の美術』一六三頁　小学館　昭和五十四年
(5) 宮家準『大峰修験道の研究』二九八頁　佼成出版社　昭和六十三年
(6)「熊野年代記」五来重編『吉野熊野信仰の研究』三六八頁　名著出版　昭和五十年
(7) 五来重『高野聖』一八〇頁　角川書店　昭和五十年
(8)「熊野三所権現金峯山金剛蔵王垂跡縁起並大峯修行伝記」五来重編『修験道史料集』Ⅱ　一一六・七六

八頁　名著出版　昭和五十九年

（9）　五来重編『吉野熊野信仰の研究』一三六頁　名著出版　昭和五十年

# 第十章　白鳳の禅洞禅師と天平の仁宗聖人——大峯曼荼羅のゴーストライターは

熊野から吉野まで「大峯縁起」の胎蔵界と金剛界の嶺を、ようやく手にした「峯宿史料」に照らしながらたどり着いた。しかし、この貴重な記録が果たして白鳳の昔、禅洞禅師が十二年間の籠山によって感得された成果であり、天平の昔、仁宗によって書かれたのだろうか。当時、まだ未開の大峯を踏み越えるということは不可能にさえ思える。

仁宗聖人は、和銅元年（七〇八）年誕生。九十八歳の時に記録したというけれども、これが果たして真実なのか。この大峯曼荼羅の成立の謎を探ってみたい。

●

俗に「大峯奥通り」と呼ばれていた「奥駈《おくがけ》」道が、いつの頃に開通したか確かなことはわからない。古い文書「大峯縁起」には、「大菩提山仏生土要の事《だいぼだいさんぶっしょうどかなめのこと》」として、熊野から金峯にいたるまでの「嶺《みね》」の名が書きとめられていた。案内の古文書をもとに曼荼羅両界の嶺々を、七十五靡《なびき》や百二十宿所のある奥駈ルートと対比しながら探索した。古い記録を判読しながら、時には途方に暮れて、山中をさまよい歩く大峯抖擻《とそう》であった。

ここで、この大峯仏生土、仏菩薩の住所録という文書について、本当に誰が書いたのか、また成立したのは奈良時代か平安時代か、その人物と書かれた年代を改めて考えてみたい。

熊野別当の禅洞は、白鳳時代（六二九〜七〇七）、大峯山中において修行した多くの場所に、それぞれ感得した仏菩薩の名をつけ嶺とし、未来の行者のために記録しておいたという。しかし、禅洞が亡くなり、仏菩薩の供養の日がきても、それぞれ鎮座する嶺の位置を誰も知らなくなった。ただ、仁宗一人だけが、大峯曼荼羅の菩薩のましますり嶺や、天人仙人の住む宿所をみな知っていたという。

これを後世のためにぜひ書き残しておきたいと、天平時代（七二九〜七六六）に記録したというのが「大菩提山仏生土要の事」という文書である。

## 棲山一紀の禅洞禅師

最初に大峯に踏み込み、長い間、山中に籠もって、ついに曼荼羅の世界の霊感を得て、多くの仏菩薩を感得した禅洞という人物について調べてみたい。

「諸山縁起」には、天武天皇の白鳳時代、熊野山の初代別当に補せられた禅洞が、熊野権現の御前に参詣してから大峯に籠もったと書いてある。彼は、大峯に十二年間の籠山を終えてから金峯山に登った。大峯すなわち胎蔵界の後門を出て、同十三年庚寅《かのえとら》の年に金峯山すなわち金剛界に入った。年代で示すと、禅洞は天武天皇六年（六七七）に山に入り、持統天皇四年庚寅（六九〇）に金剛界に入ったことになる。

十二年間という長い年月の間に、禅洞の目には大峯山系の嶺々にひろがる広い空間が、次第に曼荼羅の世界のように映って、玉置山頂にある中台八葉院に大日如来が鎮座されているのを見た。平らな石を見ると仏座に見え、一丈余の大きな木は仏の背光のように映って、そこには阿弥陀如来や観音菩薩、馬頭観音あるいは不動明王といろいろの仏・菩薩が鎮座されているのを感得したという。

「諸山縁起」の「熊野山本宮の別当次第」[1]には、最初に「寺務禅洞聖人、絶えて久し」として、その後の人々をあげている。しかし、寺務として別当とは書いていない。禅洞はおそらくまだ別当職のない時代のことで、専らお寺の事務をする立場の人であったのだろうか。禅洞の次は千如住持、その次は中堂誦師、それ以降の人は僧皇別当のようにそれぞれ別当となっている。別の「熊野山別当次第」には、一 禅洞、二 千始、三 仲霊（以下略）と書いてある。しかしながら、熊野別当職について、もっとも信頼のおけるのは「熊野年代記」[2]と思うが、これには禅洞の名が見当たらない。嵯峨天皇の弘仁三年（八一二）十月十八日、熊野第一座、快慶が初代の別当職として補任されている。

まず、熊野別当について、「諸山縁起」「熊野山別当次第」および「熊野年代記」の三つの記録を表に示す。比べてみよう。

| 熊野別当 | | |
|---|---|---|
| 「諸山縁起」六項 | 熊野山別当次第 | 熊野年代記 |
| 寺務　禅洞 | 一　禅洞 | 一　快慶（八一二） |
| 千如住持 | 二　千始 | 二　慶覚（八五〇） |
| 中堂誦師 | 三　仲霊 | 三　覚胤（八七二） |
| | | 四　快円（八八一） |
| | | 五　慶玄（八九八） |
| | | 六　長仁（九一六） |
| | | 七　増慶（九二二） |
| 僧皇別当 | 四　僧雲 | 八　僧皇（九三三） |
| 殊勝別当 | 五　殊勝 | 九　周連（九七七） |
| 泰久別当 | 六　泰救（九九九） | 一〇　快真（九八八） |
| 快真別当 | 七　快真（一〇一八） | 一一　泰敬（九九九） |
| 永尊別当 | 八　永尊（一〇二四） | 一二　永尊（一〇一二） |
| 覚真 | 九　覚真（一〇六九） | 一三　覚真（一〇六九） |
| 以下略 | | 以下略 |

さて、禅洞が大峯に籠って十二年の春に出たという。比叡山の修行について最澄が、「もし時念誦を作さば、十二年を経よ」(『蘇悉地羯羅経《そしつじ》』)と説かれていることに基づいて、「大戒を受けおわらば、叡山に住せしめ、一十二年、山門を出でず、両業を修学せしめん」(六条式)と規定したことに則ったものと思われる。(3)天台宗における十二年間の籠山修行であって、棲山一紀《せいざんいっき》の修行といわれる。

相応和尚は慈覚大師の弟子で、斉衡三年(八五六)二十五歳で得度した。得度受戒の後、比叡山で十二年の籠山修行を行った。(4)また、比叡山宝幢院の道栄も、山に登って十二年を限って籠った。(5)このように見ると、禅洞も天台系の人物として浮かびあがってくる。

なお、また、「大峯の金剛童子の次第、住所の日記(6)(「諸山縁起」の第十一項)禅洞はじめて顕《あらわ》し給う」と、その名がでてくる。

一、禅師の宿、検始童子・三、愛光童子、笙岩屋・四、剣光童子、篠宿。それぞれ、禅洞が顕示したまうところとなっている。しかし、吹越の宿、後世童子、良弁(七七三没)。多輪の宿、除魔童子、勤操(七五八~八二七)。水飲の宿、慈悲童子、真済(八〇〇~八六〇)。玉置、悪除童子、空海(七七四~八三五)。深山、香精童子、聖宝(八三二~九〇九)と熊野から深山、時代は良弁から空海、聖宝の顕示である。

大峯八大金剛童子に関連して、禅洞がはじめて禅師宿において第一検始童子を顕示したという伝承、また多輪宿についても異説があり、白鳳の禅洞とするのは、あまりにも時代が遠すぎるようである。おそらく、空海や聖宝よりも以降の名を禅洞に託した可能性が秘められている。禅洞については、この「大峯縁起」と、その引用と見られる記録の外には知らない。実在していたのか、その詳伝が全く不明の人物である。おそらく名を、仙洞に籠り修行した禅師から禅洞と仮称したのだろうか。

## 仁宗聖人のゴーストライターは誰か

仁宗については、胎蔵界の記録の終わりに、「天平十七年（七四五）酉の四月、仁宗これを記し伝う」とある。初めに和銅元年（七〇八）生まれとあり、天平十七年には三十八歳のはずである。九十八歳であれば、延暦二十四年（八〇五）にあたり、記述に矛盾が見られる。

また、「諸山縁起」の第二項の終わりに、「寿元先達は興福寺の仁宗貴所の弟子なり」とあるが、寿元は「深仙灌頂系譜」によると、文武天皇四年（七〇〇）に筑前国に生まれたとあるから、和銅元年生まれの仁宗よりも八年先に生まれている。

『神祇宝山記』には、金剛山縁起云として、末尾に天平七年（七三五）辛酉四月朔日興福寺仁宗伝之とある。さらに、『金剛山縁起』[7]上には次の記録がある。

「一、天平宝字三年（七五九）十月中旬之比、興福寺仁宗上人抖藪当峯之時、……（以下略）」

さらに、「熊野山本宮始晦夜山臥事者」[8]の末尾に、「仁宗寺主記之留、天平宝字八年（七六四）

未丁十一月、注之置所也。元永二年（一一一九）八月五日、於興福寺西御門花厳院」とある。

これらの記録から見ると、仁宗は興福寺の僧で、実在した人物には違いないと思われる。しかし、仁宗の詳細は不明で、実際の記録者であったか疑問が残る。

宮家準氏は、仁宗が「大峯縁起」の大枠を作り、後に密教色の濃い聖が仁宗に仮託して適宜に加筆して、平安の末期に現在の形になったと考えている。[11]菅谷文則氏は、伝説上の仁宗とし、まず宿が先行して、これに諸尊の名の嶺の地点が決められた観念的な所産であると推定したいという。基本的には宿の方が古く、遅れてつけられた可能性があると考えている。[12]

ここで、仁宗聖人として、「聖人」と書かれていることにも注目しなければならない。仙洞辺《せんのほら》りまでの嶺には、当時の僧侶が参詣し、後に僧正となって、その経歴などがかなり知られているような人物が多く出てくる。

しかし、次にあげる嶺々、仙洞辺りから北の怒田宿より奥の嶺に登ったのは、ほとんど聖人と呼ばれる人たちで、多くは皇族や貴族などの使者として派遣されるか、あるいは自身の修行のために登ったのである。その経歴については未詳の人たちで、時代も遅れているようである。

65　智波羅蜜菩薩の嶺　　石上聖人
70　金剛持菩薩の嶺　　播磨の明真聖人
71　離戯論菩薩の嶺　　肥前の永西聖人

75　発生金剛部菩薩の嶺　西願聖人
77　大勇猛菩薩の嶺　西雲聖人
78　普賢菩薩の嶺　慎寛聖人
79　宝幢如来の嶺　石蔵の西高聖人
80　弥勒菩薩の嶺　忠蓮聖人
81　仏眼仏母の嶺　真元聖人、日縁聖人
82　一切如来智印発生菩薩の嶺　浄海聖人、念阿聖人
83　尺迦牟尼仏の嶺　山崎の聖人
84　虚空蔵菩薩の嶺　隆円聖人
85　観自在菩薩の嶺　聖人願意大徳
86　大輪仏頂輪櫓菩薩の嶺　寿元聖人
87　光網菩薩の嶺　寛西聖人

これらの大峯奥駈の聖人たちは、まさしく熊野聖《くまのひじり》あるいは高野聖《こうやひじり》であったのだろうか。仁宗も寿元も同様に聖人としているが、奥駈の苦しさに涙したという西行も歌人であるとともに、典型的な初期の高野聖(9)であった。もともと高野聖というのは、山岳信仰と苦行と呪術をつかさどる行人のような性格をもって回国と勧進を行っていた。熊野詣は、先達聖人の教えに従っていた当時

である。なお、難陀の嶺など吹越宿辺りまでの数嶺にも、高野聖の西縁聖人のような聖人たちの参詣が見られるが、これらの多くは追記と思われる。

熊野詣《くまのもうで》が盛んになり、長和二年（一〇一三）には、畿内の熊野参詣者は高野を通るようになっていた。小辺路《こへち》の開通である（「熊野年代記」）。

大峯を開いたのは熊野聖のような人たちであるといわれ、この「大峯縁起」に出てくる人たちはまさしく大峯聖とも呼べる人たちではないか。

後白河法皇の『梁塵秘抄《りょうじんひしょう》』⑽（一一六九）を開いてみると、大峯聖《おおみねひじり》と詠んでいる。

　大峯聖を舟に乗せ、粉河《こかわ》の聖を舳《とも》に立てて、聖宮聖に梶《かじ》採らせ、や、乗せて渡さん常住仏性や、極楽へ。

大峯行う聖こそ、あはれに尊きものあわれ、法華経誦する声はして、確かの正体まだ見えず。

やはり、「大峯縁起」の時代こそ、これらの聖たちが修行に励んでいた頃だったのだろう。

「大峯縁起」に出てくる山伏という言葉は、道命だけのように思う。彼は天台僧で、長和五年（一〇一六）天王寺別当となっている。

この「大菩提山仏生土要の事」という記録は、仁宗と執筆者の名をあらわにしているけれども、真の作者、ゴーストライターは誰なのだろうか。どのような人物であろうか。おそらく複数の人たちではないだろうか。

## 大峯曼荼羅図の計画

この「大峯縁起」の古い記録には、大峯曼荼羅の各院や各会の仏菩薩や天人らの名が多く書きとめられている。記録者は、胎蔵界・金剛界の両部について豊富な知識がなければ書けないだろう。

まず、基本になるのが曼荼羅図なのである。ところが、この記録のために参考にしたと考えられる曼荼羅図は、空海が延暦二十五年（八〇六）に中国から持ち帰ったもので、天平十七年（七四五）にはまだ日本に渡来していない。したがって、大峯曼荼羅の真の完成は、はるかに後のことになると考えられ、禅洞はもちろん仁宗も、これらをすべて書くことはできない。

大峯山系のいろいろな場所に、胎蔵界・金剛界の如来や菩薩を配置するのは、空海が曼荼羅図を日本に持ち帰った後のことになる。しかも、その曼荼羅図を参考にすることができる立場の人でなければならない。

そう考えると、「大峯縁起」の記録に出てくる人物のうち、南都の僧たちよりも天台あるいは真言系の僧たちが浮かんでくる。真雅の日記として「大菩提山等縁起」に見られるのも、真実、彼の日記だろうか。仁宗が、天平時代に大峯曼荼羅の嶺の名を記録したということはあり得ない。ましてて、それ以前に禅洞が、それぞれの嶺に菩薩名をつけたということも時代的には成り立たない。このようなことができるのは、まず大峯抖藪の体験を持ち、それぞれの山の情景が頭に浮かぶほどの山伏行者たちでなければできないように思われる。

山伏たちが衆知を集め、あの場所は何々院にするから、この菩薩の名をつけようと定めたのだろう。修行者や聖たちが抖藪し、持仏などを納めて名とした嶺もあるかもしれない。

おそらく、これらの事績の積み上げによって、記録にあるような胎蔵界各院の仏菩薩の嶺として整えられ、後に名を仁宗に託して、一応の完成をしたと考えられる。

仁宗の頃には、大峯の山中にそれほど奥深く踏み入ることは不可能に近かった。大峯曼荼羅の構想は、両界曼荼羅現図が知られてきて、おそらく後に生まれたのであろう。大峯修行の僧や聖たちの中から、幻のような原案が浮かび上がってきたのだと思われる。

まず曼荼羅であれば、地蔵菩薩は地蔵菩薩の嶺に祀るように、各菩薩がその名に合致する嶺にそれぞれ安置されているべきであるが、それは意外に少ない。しかし、本来そのようにあるべきで、この曼荼羅の構想が成立した当時は、そのように整然と安置したにちがいないだろう。

嶺の名称が定められてから後に仏像が奉納されたのか、あるいは仏像を納めて嶺の名としたか、いずれにせよ寄進した仏像と嶺の名が一致するのは、次のように限られている。

34　大勢至菩薩の嶺　　大原聖人が、大勢至菩薩の三寸の御躰を安置された。
54　大威徳明王の嶺　　護命が、両度に五寸の大威徳を安置された。
55　降三世金剛菩薩の嶺　　泰景が、降三世の七寸の躰を安置された。
56　忍波羅蜜菩薩の嶺　　豊安が、銅躰の忍波羅蜜菩薩を安置された。
57　戒波羅蜜菩薩の嶺　　延禅が、戒波羅蜜菩薩の木造七寸を安置された。
58　檀波羅蜜菩薩の嶺　　智蔵が、鎮子・金躰の檀波羅蜜菩薩を安置された。

また、59「発意転輪菩薩の嶺」に、寛空が発意転輪菩薩の銅躰を納め安置されているが、やや後の時代のことになる（一三四頁）。

深仙の中台八葉院の三嶺には、それぞれ嶺の名と同じ菩薩が安置されている。

78　普賢菩薩の嶺には、金の普賢菩薩の七寸像。
80　弥勒菩薩の嶺には、増命僧正が、銅の弥勒像を安置。
84　虚空蔵菩薩の嶺に、一尺の虚空蔵菩薩の銅躰を埋める。源心座主、使者は隆円聖人。

これらの嶺の位置は、おおむね玉置付近から香精山、さらに現在でいえば、四阿、槍ケ岳から地蔵岳、笠捨辺りになり、さらに奥は深仙に及ぶだろう。玉置から「仙」の字がつく範囲、仙ケ岳、行仙岳、深仙の範囲である。これらの嶺が早くから名付けられていたが、もっとも早くから宿所の名が消えた地域でもある。したがって、現在もっとも謎の多い領域であり、禅洞が籠って修行した仙洞のある地域でもある。

時代は、すでに述べた護命・泰景・豊安・延禅・智蔵の頃、天長、承和、仁寿年間（八二四～八五四）にあたる。寛空は、やや後の時代のことになる。

智蔵は、来日僧であるが、天武二年（六七三）僧正となる。時代的には不一致で別人かもしれないと思われる。

さて、事実を記録するには、正確でなければいけない。それぞれの事項については、その年月日も記入するので、その成立の時代を考える上では非常に重要である。

「大菩提山仏生土要の事」の中で、確実に参詣した年月日が記録されているのは、次の数件の事項だけである。

37観自在菩薩の嶺　弘仁十三年（八二二）五月、安殿《あて》天皇（平城天皇）御使真禅、自筆法花経。

36毘里倶胝菩薩の嶺　仁寿五（元）年（八三一）辛未三月五日、仁明天皇の太子の御祈りのため、般若理趣分・愛染王五寸の御躰。

29大随求菩薩の嶺　斉衡元年（八五四）甲戌四月十六日、高野聖人西緑、大日如来を安置。

30波葉衣菩薩の嶺　天安元年（八五七）丁丑三月二十三日、定宜（空）四十花厳経安置の御使。
31白身観世音菩薩の嶺　貞観二年（八六〇）庚寅二月六日、清和天皇御使、御自筆の法花経。
26除一切憂冥菩薩の嶺　寛平二年（八九〇）五月、帝皇（宇多天皇）惟首阿闍梨《あじゃり》、花厳経並びに薬師金像。

元慶五年（八八一）四月八日、46「文殊師利菩薩の嶺」に、「唐本の文殊二鋪を安置し奉る。使いは寛空聖人なり」とあるが、元慶五年は寛空の誕生前になり、天慶五年（九四二）の誤りであろう。

また、49「金剛拳菩薩の嶺」に、「成明天皇御持の如意輪七寸の御仏並びに舎利三粒あり。法花経を十六部書写し御坐す。御使に心空聖人を送り、天徳四年（九六〇）五月一日安置し了んぬ」とある。

さて、大峯曼荼羅の構想はいつの頃に生まれたのだろうか。「大峯縁起」の中に参詣の年月日が確実に記入されている年（八二二～八九〇）、さらに嶺の名に一致する仏像を奉納した僧の年（八二四～八五四）、両者を考慮してみるとほぼ一致する。納経・仏像の寄進が行われた時代の年月も明らかであって、胎蔵界曼荼羅の嶺にふさわしい仏像が寄進されたのだろう。この頃に、まず玉置山を中台八葉院の中心に置き、大日如来すなわち毘盧遮那如来の嶺として大峯曼荼羅の構想が生まれる。

最初の記録がはじまったのであろう。おそらく、はじめは誰か修行者によって、所属院が不明であった降仙菩薩の嶺や孔雀明王の峯のように名付けられていた。これらの時代に、玉置山から仙洞辺りへの修行、寄進の人物は、護命・豊安・泰景らのおおむね南都の僧たち、さらに天台・真言の僧たちであって、これらの人物の経歴も比較的詳しく知ることができる。

しかし、まだ曼荼羅の完成にはほど遠い。そこで手を加えられるが、これ以前の時代の事績については、余りにも古く不確かである。たとえば、良弁と天智天皇、恵輪と文武天皇のように時代的には合わないようで、関係する人物も多くは未詳の僧たちである。

他方、深仙から胎蔵界を抜けるまでの行程についても、書き整えなければならない。しかし、後に深仙から奥へ、釈迦ケ岳、楊枝宿、禅師宿へと奥駈して納経・仏像を安置しているのは、多くは熊野聖や高野聖といわれる人たちである。名のみあげられるが、詳細を知り得ない未詳の修行者となっている。こうして、何回かの改稿、整理がおこなわれて次第に曼荼羅としての完成を見るに至ったのだろう。

大峯胎蔵界の一〇六嶺には、如来・菩薩・天人が、それぞれ十二院の各院に配置されている。各院にある嶺の数は次のようである。しかし、多くの菩薩や天人・天女の諸仏を、すべて迎えることはむつかしい。したがって、各院における配置は次のように、持明院・中台八葉院の他の嶺では制限して、虚空蔵院・蓮華部院・金剛手院および文殊院には十数仏が配置されている。なお、

| 院名 | 胎蔵界　仏の数 | 嶺の数 |
|---|---|---|
| 外金剛部院 | 二〇二 | ※一〇 |
| 蘇悉地院 | 八 | 五 |
| 虚空蔵院 | 二八 | 一六 |
| 持明院 | 五 | 五 |
| 蓮華部院 | 三六 | 一五 |
| 中台八葉院 | 九 | 九 |
| 金剛手院 | 三三 | 一二 |
| 地蔵院 | 九 | 七 |
| 遍知院 | 六 | 三 |
| 釈迦院 | 三九 | 三 |
| 文殊院 | 二五 | 一三 |
| 除蓋障院 | 九 | 〇 |

※初門・後門各五とする

大峯胎蔵界には除蓋障院《じょがいしょういん》にあたる嶺は見当たらない。

外《げ》金剛部院は、胎蔵界の最外部の周囲をぐるっと囲んでいる。まず最初に西側の初門から入って、最後に東にある後門から出る。各院内の嶺を記録の順にしたがって登ると、引き返し別の院に入り、再び一度登った院内に入る。外金剛部院から蘇悉《そしつ》地院《じいん》に入り、虚空蔵院に入り、二嶺を経て再び蘇悉地院に戻り、また、虚空蔵院に再び入る。これは、各院は一度通過するのではなく、持明院以外は、必ず再び戻ってくるように、二度同じ院内を通る順・逆の行程を配慮して、諸仏・諸菩薩の嶺が定められていると考える。

これらの各院における仏菩薩の配置を見ると、おそらくはじめには山岳曼荼羅図を描こうと計画したのか、菩薩の嶺の数も、左右バランスがとれた構図になるよう工夫して決めたように思われる。大峯では中台八葉院は、確かに玉置山と深仙の二ケ所に別れていたのである。中台八葉院と持明院には、すべての菩薩が鎮座している。

胎蔵界の嶺、全般の完成がせまり、金剛界までも及んでくる。九〇〇年から一〇〇〇年、白河法皇など熊野御幸の時代である。聖人の名のみあげられるが、詳細を知り得ぬ未詳の人物の活躍によるところが多い。こうして、大峯曼荼羅は何回かの改稿、整理が行われて次第に曼荼羅としての完成を見るに至ったのだろう。さらに追記も行われる。

さて、この大峯曼荼羅の構想がまとまり、それが文書として完成された時期を確実に知るのは難しい。本地垂迹説が成立して、これに役行者伝承が脚色されてほぼ完成して流布され始めた頃から、『蜻蛉日記』や『往生要集』が世に出た頃ではないかと思われる。

その頃に奥駈して納経、あるいは寄進したのは、年月も記録されている次の二つである。

「46文殊師利菩薩の嶺」。元慶五年（八八一）四月八日、文殊二鋪を安置。使いは寛空。元慶五年は、天慶五年（九四二）の誤り。

「49金剛拳菩薩の嶺」。成明天皇御持の如意輪七寸の御仏並びに舎利三粒。法花経十六部。御使心空聖人、天徳四年（九六〇）五月一日安置。

しいて言えば、おそらく金剛界法・胎蔵界法や北斗法など曼荼羅にも詳しい寛空《かんくう》（八八七〜九七二）辺りの影響を受けた人たちではなかろうか。あるいは、学識のある熊野修験の聖の誰かであろう。また一人ではなく、数人の手を経ているかもしれない。両界曼荼羅の嶺として完成したのは、年代的には西暦九五〇年前後から一〇〇〇年に入る頃であろうか。

## 「大菩提山仏生土要の事」に見られる追記

金剛界の記録の末尾には、「かくの如きの由、珍尊伝う。天平宝字九年（七六五）歳次戊申十月二日伝え得るは命久なり。慈恩寺の聖人命久、伝えこれを住《とど》むるのみなり」（「諸山縁起」）とある。

他方、「大菩提山等縁起」には、「かくの如きの由、珍尊伝え畢《おわ》る。天平宝字九年歳次戊申（これは神護景雲二年）十月二日、伝え得るは命久なり。慈恩寺の聖人命久、伝え之に注すべし」とある。註記をつけて伝えよとの意ではなかろうか。「大峯縁起」には、その後、この大峯曼荼羅を完成させるために多くの修行者の事績も加えて、後々何人かの人たちによって追記が行われたことは確かである。

すでに十世紀に入ると、熊野・吉野と奥駈の修行がおこなわれ、十一世紀の初頭、藤原道長の金峯参詣の頃には、すでに奥駈道は踏み越えられて、主に天台系の僧たちによって、深仙が重要な修行の霊地となっていたように思われる。

その頃に奥駈して納経、あるいは寄進した人物として次の僧たちがいる。

69　持妙金剛菩薩の嶺（塔印宿）　この嶺で明豪は、宰相君が見顕わし了んぬ、とある。修行をした明豪は天台宗の僧で、藤原守正の子という。長保三年（一〇〇一）僧正、同四年七月二十六日大僧正となる。

23　普光菩薩の嶺（般若宿）　山伏の道命は、内大臣自筆の法花経を、お使いとして普光菩薩の嶺に安置された。道命は天台の僧で、藤原道綱の子の道命とされている。天台宗の僧、良源の弟子で長和五年（一〇一六）天王寺別当となる。

85　虚空蔵菩薩の嶺（教経宿）　一尺の虚空蔵菩薩の銅躰を納められたが、源心座主の御使は隆円聖人であった。源心は陸奥の人で、永承二年（一〇四七）天台座主、同五年大僧都に任じられた。

さて、この「大峯縁起」の「大菩提山仏生土要の事」は、最終的には大峯曼荼羅の胎蔵界と金剛界として、画のない曼荼羅として、特に胎蔵界についてはかなり整然とまとめられている。「大峯縁起」は寛治四年（一〇九〇）、白河上皇の熊野御幸に際して、熊野本宮誠証殿において御閲覧を願うことになった。そこで、法皇の参詣を前に、大江匡房らの手によって整理されたのではないだろうか。彼は当時知られた学者であり、当日、読み人僧隆明に代わって、法皇の御前で「大峯縁起」を読み上げた奉行である。おそらく、この機会に大江匡房らの手によって追記がなされた可能性があるかもしれない。

寛治四年（一〇九〇）の白河上皇の第一回の熊野参詣につづいて永久四年（一一一六）の第二回以降、上皇・女院や貴族の間では熊野詣りが大流行をしていた。

高野の穀断ち聖人とよばれた行勝は、吉野・大峯笙の窟で永年修行した法華の持経者であった。源平時代に高野山の一心院を再興した。

天治二年（一一二五）、行尊が熊野山検校になった頃から、深仙宿に籠もって写経を行った醍醐の重源のような僧たちもいた。

ちょうど、皇族や貴族の熊野参詣が最盛期の頃である。もはや、吉野から大峯、熊野への修行も、次第に山伏の間に広がろうとしていた。

「大峯縁起」は、延久二年（一〇七〇）には熊野本宮証誠殿にも安置されていたが、その後、二度の書き込みがなされたと思われるのは次の年月日の記録である。

3「難陀の嶺」に、観無量寿経を安置する。ここは、熊野本宮の近くである。

「仁平六（二）年（一一五二）十月、禅定仙院空覚（鳥羽上皇）、洛において書写せる如法経を安置する」とある。鳥羽上皇の熊野参詣は、仁平三年（一一五三）までにすでに二十一回にも及んでいた。おそらく仁平二年十月、鳥羽法皇は自筆の如法経を託したのであろう。

また、「大菩提山等縁起」を見ると、次の「諸山縁起」にある記録が見られないから、おそらくこれが最後の追記であると思われる。

82「一切如来智印発生菩薩の嶺」は、深仙から釈迦ケ岳への途中、遍知院の嶺である。

「永暦元年（一一六〇）三月一日、向の大宮の御自筆の法華経一部ならびに、心経・阿弥陀経・尊勝陀羅尼・不動尊一鋪を墓め了んぬ。御使は石屋の聖人念阿なり。神仙に冬籠もりす」とある。

この向の大宮とは、後白河上皇の皇太后であろうか、念阿聖人に自筆の法華経を託している。

元久二年（一二〇五）に、後鳥羽上皇によって「大峯縁起」は金峯山にも安置された。これを見た貴族や高僧たちは、使者を派遣して、あるいは修行者に託して、胎蔵界あるいは金剛界の特定の嶺に経典や仏像を納めた。これらの記録は、縁起に書き加えられたという[11]。

ところで、もはやこの頃には、大峯深仙へは一人旅の聖人がいたかもしれない。『梁塵秘抄』には、「大峯通るには、仏法修行する僧いたり、唯一人、若《にゃく》や子守は頭《こうべ》を撫《な》でたまひ、八大童子は身を護る」とある。熊野中辺路《なかへち》を通り若王子を経て、大峯に入ったのであろうが、すでに大峯八大金剛童子の宿も設けられていたのである。

しかし、皇族から貴族の間で盛んであった熊野詣も次第に衰えてくる。熊野三山には、三社が鎮座して多くの所領を持っていたが、源平合戦から後には、軍事的な活動が見られるようになる[13]。三山の僧湛増は、平家に味方して以仁王に協力する新宮・那智を攻撃した。しかし、文治元年（一一八五）には、逆に義経の要請を受け、熊野水軍をひきいて平家と戦い手柄をたてた。やがて、承久三年（一二二一）の承久の乱によって一大転機をもたらした。

幾たびも大行列で行われていた上皇の御幸《ごこう》も貴族たちの熊野詣も、次第に衰退していった。

これに代わるように、鎌倉時代も中期になると、地方の武士たちによる熊野参詣が次第に行われるようになった。熊野聖や高野聖、また山伏による大峯入峯も多くなり、これがいわゆる大峯聖たちである。

大峯百余の曼荼羅の嶺々の場所は、宿所として知られるようになり、これらが集約されて百二十宿と呼ばれるようになった。しかし、時代が進むにしたがって、庶民たちへと信仰の輪が広がってくると、道が拓《ひら》かれ「大峯通り」と呼ばれるようになる。その頃になると、百二十余の宿のうち単なる通過点となってその名も忘れさられる所もあり、七十〜八十余の宿に退散してしまう。

鎌倉・室町時代を経て江戸期になると、農家の豊作祈願や商売繁盛の信仰が主になるとともに、大峯が修験山伏のきびしい修行場となってくると、奥駈の道中には七十五靡という行所が定着して、今にいたっている。

註
（1）「熊野山本宮の別当次第」『寺社縁起』日本思想大系　岩波書店　一九七五年
（2）「熊野年代記」五来重編『吉野熊野信仰の研究』三五九頁　名著出版　昭和五十三年
（3）佐伯有清『円珍』一二頁　吉川弘文館　平成二年
（4）新井栄蔵・後藤昭雄編『叡山をめぐる人びと』四九頁　世界思想社　一九九三年

(5)『往生伝・法華験記』日本思想大系　八二頁　岩波書店　一九七四年
(6)「諸山縁起」『寺社縁起』日本思想大系　一一五・一三六頁　岩波書店　一九七五年
(7)池田末則代表『金剛山縁記』五三九頁　葛木神社社務所史跡金剛山奉賛会　昭和六十三年
(8)「大菩提山等縁起」『修験道史料集』Ⅱ　名著出版　昭和六十年
(9)五来重『高野聖』一五九・一七八頁　角川書店　昭和五十年
(10)佐々木信綱校訂『梁塵秘抄』　岩波文庫　一九四一年
(11)宮家準『大峰修験道の研究』三〇二頁　佼成出版社　昭和六十三年
(12)菅谷文則「熊野と大峯信仰」和田萃編『熊野信仰・熊野詣・修験道』九六頁　筑摩書房　一九八八年
(13)日置英剛『僧兵の歴史』三〇九頁　戎光祥出版　二〇〇三年

# あとがき

役行者《えんのぎょうじゃ》の伝承や史跡を調べているうちに、役行者が修行した大峯山へと戻ってきた。さらに弥山・釈迦ケ岳から前鬼にも幾たびか足を運んだ。資料を調べるうちに、大峰山脈の幻の胎蔵界・金剛界の嶺を明らかにしたいという夢のような曼荼羅に閉じこめられてしまった。

「オシャカ様・カンノン様」とすれば親しみやすいが、釈迦牟尼《しゃかむに》仏あるいは観自在《かんじざい》菩薩と書けば難しくなる。さらに毘盧遮那《びるしゃな》大菩薩の嶺と書かれているととまどうばかり。

最初、「大峯縁起」の「大菩提山仏生土要の事《だいぼだいせんぶっしょうどかなめ》」に出てくるのは、漢字ばかりの仏菩薩様、百余も羅列する嶺の名に溜息が出るほどであった。

しかし、これらの仏様が「山上の奥通り」に祀られていたのだと思うと、やはりその嶺の場所をはっきり知りたいと、せかされるような気持ちに変わった。ついに取り憑《つ》かれたのが、この謎解きのような仕事であった。信憑性《しんぴょうせい》のない記録だといわれれば、門外漢の私には反論のしようもないがそれでもよい。記録した行者たちの大峯信仰の固まりなのだと考えたのであった。

平安の昔、深仙、釈迦ケ岳や古田の森、楊枝の森や南奥駈などの密林で倒れた行者や、山中で水を求めて苦労する行者など、当時の奥駈の様子を想像すると、修行は非常に過酷なきびしいものだと痛感する。江戸期でも、奥駈は山上詣り百人に一人というほどだったそうで、しかも畿内の衆は少なく、奥州や九州の修行僧であったと、吉野群山を踏破した紀藩士畔田《くろだ》翠山《すいざん》が述べている。

一応は取りまとめたけれども、やはりはっきりしない箇所もあり、宿題である。デスクの上では地図上の一点でも、現地では何万倍もの広さで複雑な地形かもしれない。記録では、右に下る、左の峯にのぼる、平の峯、とあっさりと書いてあるが、深い谷に下るか、あるいは崖を降りるかもしれない。これらの問題の箇所こそ、現在の大峯行者、あるいは大峯を幾たびも踏破された登山家の教えを請いたい点である。

私のデスクからの奥駈は、同時にインターネットによる大峯奥駈、あるいは修験山伏などを検索することによって、大変に有益な旅でもあった。現代においても往時と同様にきびしい修行をなされている行者もいる。雪中の単独行、あるいは夫婦登山、友人たちとの愉快なキャンプのグループもいる。

これらの多くの記録を読み、写真を観て、何回となく奥駈の道をたどることができた。美しい山岳風景や、行所の写真なども多いので、私はデスクから独りで楽しく登山する気持ちであった。現地の状況に加えて、行程や経過時刻や時間などが記入されている几帳面な登山記など大変に参考になった。山小屋も次第に立派なのが整備されている。

山伏たちは山を大切にし、道をなおすにも鍬を使わなかった。奥駈道の左右八町の間は、一本の木を伐ることも許さなかった。精進を旨として、動植物を保護して獣肉を食べることを禁止していた。背丈を越える笹に往生したが、次に行くときれいに刈り取られていたり、変わるものである。女人大峯の稲村ケ岳への「五代松新道」を開拓した赤井五代松翁の二代目邦正氏は、道路も生き物で、手入れをしないとすぐ駄目になると訴えられた言葉に非常に感銘を受けた。

それにしても、従来杜絶しがちであった「南奥駈」の難路の篠を刈り取り、今ではもっとも快適なコースとされ、また新たな山小屋を建設されている「新宮山彦ぐるーぷの会」の方々の尊い奉仕活動には頭が下がる。その恩恵に浴した方々の感謝の言葉が時々見受けられるのは、嬉しいことである。

さて、すべての嶺の位置を確実に地図上に印すことは不可能に近いが、かなりの嶺はおぼろげながらも、ほぼその位置を推定できるのではないかと思う。本書の記録も、私が模索した備忘録のようなもので案内記ではない。独断と偏見があまりにも多いかもしれない。古いこと、近年の実情など教えていただきたいことばかりである。千年以上もさかのぼる昔のことなので、手がかりになったのはやはり古い記録であり、厄除け寺の保存、古文書のお陰であった。

書き終えて、「熊野高野大峯古道」が世界遺産に登録されたという報道を聞いて、喜ばしいこ

草木供養の草木塔（奈良県吉野郡天川村洞川）

とであると喜びの反面、俗悪化しないかという一面の心配も拭いきれない。改めて、大峯奥駈を信仰という面だけでなく、また観光をも強調するだけでなく、大峯の自然にとけ込んで、草木国土悉皆成仏《しっかいじょうぶつ》、自然に生かされ活きている自分も草木と同じ一員であることを自覚してほしいと願う。大峯に登って、役行者をはじめ先賢の遺徳を偲びながら、日頃の疲れを癒やしてほしいものである。

大峯奥駈には、今この時刻でも、誰かが何処かの嶺を歩んでいるといえるほど山岳愛好の方がいるようで、八十路をゆく老骨にはとても羨ましい限りで、大変有り難く思っている。

いろいろと奥駈紀行も読んだが、誰かが地図は頼りになるが一〇〇パーセント信用してはいけないと書いていたのと同様に、案内記も時代によって、いや年々といった方がよいかもしれないが、違うこともあり、頼りになるようでならないものだという気もする。登山の安全には十分に注意をしてほしい。なおまた、大峯曼荼羅の多くの嶺々ついて、さらなるルートの解析をお願いしたい。

大峯曼荼羅の宿題を、現地踏破でなくデスクからの探索で不十分であるが、やっと終えた気持ちである。しかし、独断、誤認も多々あると思われ、いろいろご批判・ご教示や感想などお願いしたい。

なお、本書の出版に際しては、ご高配を頂き、お世話になった東方出版の今東成人社長に対し、心から深くお礼を申し上げる次第である。また、金剛・葛城から山上ケ岳・前鬼・釈迦ケ岳・玉置山から熊野へなど、各地へ常に同行、お世話になった出水元一氏、写真など多くの資料を提供して頂いた銭谷伊直氏に対して深くお礼を申し上げる。調査の過程においては、奈良県立図書館・天理図書館をはじめ博物館や資料館など、実に多くの方々のお世話になった。ここに改めて深くお礼を申し上げる。

平成十九年十二月一日

銭谷武平

銭谷武平（ぜにたに・ぶへい）

1920年、奈良県吉野郡天川村洞川に生まれる。九州大学農学部卒業、長崎大学名誉教授、農学博士。退職後、『陀羅尼助―伝承から科学まで』（1986年、薬日新聞社刊、共著）・『役行者ものがたり』（1991年、人文書院）・『役行者伝記集成』（1994年、東方出版）・『役行者伝の謎』（1996年、東方出版）・『大峯こぼれ話』（1997年、東方出版）・『畔田翠山伝』（1998年、東方出版）を著し、また大峯山系の自然誌などの調査をつづける。

大峯縁起

2008年（平成20年）3月29日　初版第1刷発行

著　者――銭谷武平

発行者――今東成人

発行所――東方出版㈱
〒543-0052　大阪市天王寺区大道1-8-15
Tel. 06-6779-9571　Fax. 06-6779-9573

装　丁――森本良成

印刷所――亜細亜印刷㈱

落丁・乱丁はおとりかえいたします。

ISBN978-4-86249-101-8